JESÚS YANES

# QUIÉN ERES TÚ Y QUÉ HACES AQUÍ
## El Libro de iO

¿QUIÉN ERES TÚ Y QUÉ HACES AQUÍ? - El Libro de iO
EL PENSADOR DE LIBROS
Diseño gráfico: Patricia Yanes y Jesús Yanes
ISBN: 979-8-218-53134-8

Dirigirse a CEDRO (Centro Español de Derechos Repográficos,
www.cedro.org) si necesita fotocopiar o escanear algún fragmento
de esta obra.

# ¿QUIÉN ERES TÚ Y QUÉ HACES AQUÍ?

## El Libro de iO

### Jesús Yanes

## DEDICATORIA

*A Marta.*
*Gracias por darme la llave, por abrirme la puerta, por encenderme el corazón el primer día que empecé a escribir este libro.*

# AGRADECIMIENTOS

Gracias a mi Ángel-a, mi mujer, por comprenderme, protegerme y darme tanto amor. Ella más que nadie ha sufrido mis ausencias durante horas y horas en las que me encontraba inmerso en las profundidades de este libro. Ella más que nadie ha compartido conmigo esta experiencia.

Gracias a mis hijos, Rubén, Patricia y Sergio por formar parte de mi vida y por haber sido testigos presenciales de tantos momentos «mágicos» desde que eran niños.

Gracias a mis padres, Tomás y Trinidad por darme la vida, por enseñarme a vivir, por dar la vida por mí.

Gracias a mis hermanos Tomás, José Emilio y Mercedes por ayudarme tanto en cada momento. Seguís haciendo que me sienta «el pequeño». Sin vosotros no hubiera sido posible este libro.

Gracias a Nadia por quitarme el velo y abrirme los ojos cuando más lo necesitaba, desde entonces pude empezar a saber quién era yo y qué hacía aquí.

Gracias a Mapi por todo lo compartido, por aparecer en el momento preciso, por ser testigo en el principio.

Gracias a Juan Carlos y Laura por vuestras alas. Así es más fácil vivir.

Gracias a María Isabel por creer tanto en mí, por darme tanto apoyo, por todas las horas dedicadas a intentar descifrar las señales, a comprender aquello que nos parecía incomprensible en los primeros momentos…

Gracias a Oscar y a Ana por ser los primeros con los que compartí los principios de este libro.

Gracias a Isa por traducir los misterios al lenguaje de la ciencia. Hay que ser una científica con mucho valor para enfrentarse a ellos como tú lo has hecho.

Gracias a Sebastián por todas las oportunidades, por llevarme a los lugares, por mostrarme el camino.

Gracias a Lara y a «las gentes del norte» por el bosque de Jungitu, por «el árbol secreto», por tantos momentos increíbles.

Gracias a Alcides por aliviar mi corazón tantas veces con sus conversaciones.

Gracias a Svend por compartir tantos momentos de paz y armonía.

Gracias a todas y cada una de las personas que se han cruzado directa o indirectamente a lo largo de toda mi vida. Desde los acontecimientos más relevantes hasta las acciones que pudieran parecer más insignificantes, han sido esenciales para conducirme a los lugares y momentos precisos. Sin todos vosotros este libro no hubiera visto «la luz».

# ÍNDICE

## ¿QUIÉN ERES TÚ Y QUÉ HACES AQUÍ?
### El Libro de iO

**Parte 1**
## ¿QUIÉN SOY?

**Capítulo 1: UN BUSCADOR** *23*
**Capítulo 2: EL HOMBRE QUE TOCABA EL PIANO CON LOS OJOS CERRADOS** *25*

### *El Libro de* iO *37*
*El cuidador de pollos 37*
*El cuidador de vacas 43*
*Ser pensado, ser abrazado, ser vivido 50*
*La llamada 51*
*El sistema inteligente 53*

**Capítulo 3: EL DÍA EN EL QUE PETER APRENDE A DESCUBRIR LAS SEÑALES** *55*

### *El Libro de* iO *55*
*El lenguaje sutil, el idioma de la naturaleza 57*
*Las casualidades 59*
*Parezco alguien, pero soy algo 59*
*Los templos naturales 60*

**Capítulo 4: PETER CONOCE LOS SECRETOS DE LA VIDA** *63*

### *El Libro de* iO *68*
*El eterno infinito 71*
*Las otras partes de ti 72*
*El sentido de la vida y la separación 77*
*Un regalo de corazón 84*
*Las otras vidas 86*
*La importancia de lo esencial: Las cuatro esencias 88*

**Parte 2**
**¿QUÉ HAGO AQUÍ?**

**Capítulo 5**: PETER COMPRENDE QUE NADA ES
LO QUE PARECE *95*

*El Libro de* iO *100*
*La función 102*

**Capítulo 6**: HAY UN PLAN PARA PETER *105*

*El Libro de* iO *109*
*Tú tienes un plan 111*
*El sufrimiento 113*
*Despertar y renacer 114*
*Los elegidos y los no elegidos 116*

**Capítulo 7**: EL TIEMPO, EL ESPACIO Y EL
MOVIMIENTO DE PETER *119*

*El Libro de* iO *123*
*El tiempo y el espacio en movimiento 126*
*Las claves para moverse en la vida 126*

**Capítulo 8**: PETER DESCUBRE CÓMO SABER
QUIÉN ES ÉL *139*

*El Libro de* iO *139*
*Vuestra información está en la luz del sol y
en la luz que envuelve a la luz 142*
*El ADN es la antena que recibe, transmite y
traduce la información 145*
*Las emociones y los deseos son el resultado de
la información 146*
*La conciencia intermedia 147*
*Los árboles, el reino vegetal y sus misterios 160*

## Parte 3
## EVOLUTAR

**Capítulo 9: PETER APRENDE A CREAR SU
PROPIA REALIDAD** *165*

***El Libro de* iO** *175*
*Tú elegiste tu vida 175*
*Podéis elegir y crear vuestra realidad 177*
*El poder de la intención, el poder de las palabras
y el poder de la voz 178*
*Respirar, meditar y hablar con el corazón 182*
*Necesitaréis una llave 192*

**Capítulo 10: LA EXPERIENCIA TRASCENDENTAL
DE PETER** *195*

***El Libro de* iO** *198*
*Evolución trascendental 199*
*Tu experiencia trascendental 204*
*¿Y ahora qué...? 213*
*¿Y después...? 218*
*Un viaje estelar 219*
*La gran revelación 222*

**EL LIBRO DE MIS DESEOS** *233*

# Sobre la banda sonora

*He compuesto una banda sonora original para el libro cuyas canciones guardan relación con lo narrado a lo largo de sus páginas. Al principio de cada capítulo se encuentra insertada una imagen cuadrada con el código QR de cada canción tal y como se puede ver en el siguiente ejemplo:*

*Solo se necesita enfocar la imagen del código con la cámara del teléfono móvil. Automáticamente se activará el lector QR, el cual proporcionará, de modo automático, el enlace de la canción correspondiente en Youtube. A continuación simplemente hay que tocar el enlace que aparecerá en la pantalla.*

*También puede realizarse la búsqueda de forma manual introduciendo en el buscador del ordenador o el celular: BSO Quién eres tú y qué haces aquí-El libro de iO.*

*Toda la banda sonora del libro está disponible en YouTube y en todas las plataformas de distribución digital de música como: Spotify, Itunes, Apple Music, Google Play, etc.*

# Prólogo

*Yo tan solo soy un pobre hombre.*

Jesús Yanes

*C*ualquier parecido de los
personajes de este libro
con la realidad
no
es mera coincidencia.
Se han omitido los nombres reales
sustituyéndolos por otros,
así como los momentos y los lugares en
los que se desarrolla la acción
en un intento
por hacer más creíble
una historia
increíble.

# Parte 1

# ¿Quién soy?

# Capítulo 1

# UN BUSCADOR

Peter Riscot era uno de esos jóvenes a los que la vida no le había sonreído demasiado, entre otras cosas, quizá, porque él tampoco había puesto lo suficiente de su parte. Sin embargo, por su cabeza siempre rondaba la idea de que algún día le ocurriría algo especial, uno de esos acontecimientos que suceden cuando menos te lo esperas haciendo que tu vida se transforme de repente.

Mientras tanto, Peter Riscot trabajaba como empleado del New London Bank, en una sucursal que estaba a tres manzanas de la casa donde vivía a las afueras de Londres, en el humilde barrio de Old Castle, a orillas del Támesis.

A sus treinta y cinco años, Peter podría pasar por un veinteañero, debido a su pelo largo y su aspecto desaforado.

Había conseguido entrar a trabajar en el banco gracias a la influencia de su tío Samuel Riscot, quien ocupaba un puesto de director de zona. Este, a pesar de no mantener una relación demasiado cordial con su sobrino, hizo todo lo posible para conseguirle un trabajo como responsable del área de empresas.

Lo mejor del trabajo de Peter, sin duda, era la encargada de la caja. Una rubita preciosa de ojos verdes cuyo rostro emanaba una transparente inocencia y que desde el primer día había cautivado el corazón del joven. «Dulce Sandy», así es como la llamaba Peter sin que ella lo supiera, pues a pesar de los dos años que llevaba trabajando en el banco, apenas habían hablado en unas cuantas ocasiones y por supuesto jamás le había expresado lo que sentía por ella.

Lo peor del banco era el señor Sanders, el director de la sucursal, un hombre que se jactaba continuamente de haberse hecho a sí mismo, a pesar de que llevaba ocupando el mismo puesto dieciocho años. Quizá esa frustración era la que le hacía vivir en un continuo estado de mal humor del cual eran víctimas Sandy, Peter y el señor Sullivan.

Daniel Sullivan era el cuarto empleado de la sucursal. Se encargaba de los préstamos, y apenas le faltaba un año para jubilarse. Era una buena persona que acostumbraba a dar a Peter consejos sobre cómo sobrevivir toda una vida siendo empleado de una sucursal bancaria de un barrio recóndito de Londres.

Día tras día, Peter solía emplear la mayor parte de su tiempo libre montando puzles, de esos que constan de miles de fichas. Cada tarde se sentaba frente a un enorme tablero lleno de piezas multicolor, encendía el televisor, se abría una lata de cerveza y dejaba pasar las horas.

El joven dedicaba el resto del tiempo a ir al cine, visitar viejos amigos y dar largos paseos por la orilla del Támesis, haciendo tiempo hasta que llegaba la hora de disfrutar del mejor momento del día y hacer lo que más le gustaba: tomarse unas pintas en El Escocés, el pub de su amigo Tomy Scott.

Tomy era uno de esos tipos con aspecto desastrado, regordete, con la cintura de los pantalones siempre caída, el pelo largo y cano, y un bigote humeante gracias al cigarrillo que siempre tenía en la boca. Procedente de Escocia se vino a vivir a Londres siendo muy joven, con la idea de hacer fortuna, pero lo único que había conseguido a sus cuarenta y dos años era regentar un tugurio que tenía el mismo aspecto que él. Se trataba de un pub a unas pocas manzanas de la casa de Peter que mantenía la misma decoración rancia y sin gusto que el primer día que abrió sus puertas al público, hacía ya veinte años.

En una de las esquinas había un pequeño escenario que albergaba un piano de cola averiado. Eso era lo mejor que tenía el lugar, aquel viejo Hardman construido en 1929 en New York y que, según Tomy, había pertenecido a grandes figuras del jazz en Estados Unidos. O al menos eso es lo que le había contado el dueño de la casa de subastas donde lo había adquirido en un lote, junto con todo el mobiliario del pub.

En otra de las esquinas, había una diana para entretener a los aficionados al lanzamiento de dardos.

Noche tras noche, Peter y Tomy filosofaban y arreglaban el mundo encima de la barra mugrienta de El Escocés. Entre los dos eran capaces de encontrar soluciones a todos los problemas de la sociedad, mientras se quejaban de las circunstancias de sus vidas.

## Capítulo 2

# EL HOMBRE QUE TOCABA EL PIANO
# CON LOS OJOS CERRADOS

Aquella tarde Peter caminaba, cabizbajo, rumbo al pub de su amigo en busca de la ansiada conversación diaria. Su semblante delataba cierto aire de frustración. Desde hacía algún tiempo, Peter no estaba satisfecho con su vida, y cada día que pasaba se sentía más asediado por una serie de pensamientos que no le permitían ser feliz.

De pronto algo llamó su atención. A medida que se iba aproximando al local, descubría atónito el sonido de un piano que se fugaba por la puerta entreabierta de El Escocés. Sorprendido por el acontecimiento, entró en el local y precipitándose sobre la barra exclamó:

—¡Tomy, no me lo puedo creer!

—¿Se puede saber qué es lo que no te puedes creer, Peter? —preguntó Tomy simulando una aparente normalidad.

—¡Hay un tipo tocando el piano!

— La verdad es que no te puedo decir mucho, tan solo que hace unos días apareció por aquí pidiendo un vaso de agua, y al ver el piano me solicitó probarlo. Yo consentí y, pasado un rato, vino y me propuso que le permitiera utilizarlo una o dos veces por semana. A cambio se comprometía a arreglarlo de forma totalmente gratuita. Como te puedes imaginar, le respondí que sí. Al día siguiente se presentaron dos personas con un buen número de artilugios y, en menos de tres horas, el piano estaba sonando…

Peter no dejaba de contemplar ni un momento al carismático pianista, quien, absorto en su interpretación, se fundía con su instrumento en una serie de movimientos, al son de su música, que convertían la escena en una especie de acto litúrgico, pues una y otra vez emergían de las entrañas del piano melodías «sagradas», dibujadas por las manos de aquel hombre. Daba la impresión de que disfrutaba tanto, que no le importaba nada el resto del mundo.

Era un caballero de unos cincuenta años de edad, con aspecto impecable. Vestía un traje azul marino, camisa celeste, corbata roja y un pañuelo blanco perfectamente planchado que, sobresaliendo del bolsillo de la americana, le daba un toque especial de elegancia.

Tanto sus zapatos como su vestimenta dejaban entrever que se trataba de una indumentaria cara que, unida a un impecable corte de pelo, le dotaban de un aspecto sobrio, impoluto y altivo, digno de alguien con una clase muy especial. Todo lo contrario de la clientela que solía frecuentar El Escocés.

A Tomy le llamó la atención la actitud de Peter al verle cautivado con la puesta en escena del pianista y, sobre todo, le preocupó observar en la mirada de su amigo un fondo de tristeza al que no estaba habituado, tras lo cual no dudó un instante en interesarse por su estado emocional.

—Oye, Peter, no es que me quiera meter en tu vida, pero te noto algo extraño, como preocupado. ¿Acaso tienes algún problema?

—¿Por qué dices eso?

—No sé, me da la impresión de que el pianista te está despertando algún recuerdo desagradable.

—Puedes estar tranquilo, Tomy, no tengo ningún problema; aunque, a decir verdad, puede ser que lo tenga y no quiera reconocerlo, o mejor dicho, quizá el problema es que estoy empezando a reconocerlo.

—Pues sí que estamos buenos Peter. ¿Y no será que la música te recuerda a tu rubita de ojos verdes? Aunque, también puede ser que te sientas mal debido a la frustración que te genera que ni siquiera hayas sido capaz de expresarle tus sentimientos; a pesar de que la tengas sentada a menos de dos metros de ti en el trabajo.

—Sandy no tiene nada que ver con esto, aunque, quizás tengas razón y también ella forme parte del lío que tengo en la cabeza. Lo que me pasa es que estoy harto de la vida que tengo. Si te digo la verdad, creo que el fondo de la cuestión es que estoy cansado de mí. No me soporto desde que me he dado cuenta de que no estoy haciendo nada por cambiar mi vida. Todavía soy un tipo joven, y en vez de salir a la calle y luchar por una vida mejor, lo único que hago es acomodarme y resignarme a seguir igual. No creo que sea lo más inteligente, no me gusta mi trabajo, no me gusta el lugar en el que vivo, no me gusta cómo vivo, y lo peor es que no estoy haciendo nada por salir de esta situación. ¡Nada, absolutamente nada! Ese es el problema, querido amigo, ese es el problema, que no acabo de encontrarle sentido a mi vida.

—Lo comprendo Peter, pero eso, ¿qué tiene que ver con el pianista? No le has quitado los ojos de encima desde que has llegado.

—Pues tiene que ver con que cuando miro a ese tipo veo a un hombre feliz, apasionado con su trabajo. Me llama mucho la atención que disfrute tanto con lo que hace. Se puede apreciar fácilmente que es alguien que se siente realizado. Mi mayor afición es hacer puzles. ¿Lo comprendes ahora…? No sabría decirte por qué, pero sé que ese pianista tiene algo especial que no tienen otros músicos. ¿No te resulta curioso que toque con los ojos cerrados todo el tiempo?

—Pues la verdad es que sí. Parece que no le importa nada de lo que ocurre a su alrededor. Normalmente, los músicos están pendientes de su público e intentan agradarle, pero este hombre da la impresión de que lo único que le importa es divertirse. Además, te diré que nunca le he oído tocar dos veces la misma canción. Cada vez que se sienta al piano toca una obra diferente. Y, en algunos casos, los temas no tienen ni principio ni final, enlaza unos con otros. Hoy lleva más de una hora sin dejar de tocar. No me explico cómo puede tener tanta memoria.

De pronto cesó la música en el rincón del piano y el pianista permaneció inmóvil durante unos segundos con los ojos cerrados. Poco a poco los fue abriendo para, a continuación, barrer con una ojeada todo el local hasta cruzarse con la mirada fija y atenta de Peter. En ese momento, tras esbozar una sonrisa de complicidad, se puso en pie, cogió su maletín, el paraguas y, con aire distinguido, se dirigió hacia la barra.

Peter permanecía estático mientras sujetaba su pinta de cerveza. Intrigado, observaba aproximarse a ese hombre de semblante tranquilo e indumentaria impecable. Semejante figura, desde luego, era más propia de un alto directivo que de un pianista de los suburbios londinenses.

Al llegar a la barra apoyó sus brazos sobre ella, dejando ver en una de sus muñecas la reluciente esfera de un reloj caro, muy caro.

—¿Qué va a ser, señor Smith? —preguntó Tomy.

—Tomaré un vaso de agua sin gas, del tiempo. Gracias, Tomy.

—Así no se va a emborrachar, desde luego que no —afirmó Tomy mientras se apresuraba a servirle—, pero dígame una cosa, ¿ustedes los artistas no necesitan beber al menos un poco para desinhibirse y sentirse más inspirados cuando salen al escenario?

—Pues si le digo la verdad, no sé lo que harán el resto. Supongo que habrá de todo. Para mí ya es suficiente con el estado de embriaguez que me proporciona el piano cada vez que me siento a tocar frente a él. No tengo ninguna necesidad de beber, desde luego.

—Y si no es indiscreción, ¿se puede saber por qué? —insistió el camarero.

—No, no lo es en absoluto, simplemente me gusta mantener el estado de lucidez al cien por cien en todo momento. Me parece más fascinante encontrar la motivación y la desinhibición con otras fórmulas que, le aseguro, me hacen disfrutar mucho más de todo lo que hago.

—¡Vale, vale! —exclamó Tomy—. A mí no me parece que sea para tanto ponerte un poco chispa de vez en cuando, ¿verdad, Peter...?

Durante toda la conversación, Peter había permanecido callado, con un codo apoyado en la barra del bar y sosteniendo la cerveza con la otra mano. Impresionado por la forma de hablar del pianista, no se había atrevido a abrir la boca en ningún momento y apenas balbuceó:

—No sé...

—¿Cómo que no sabes, Peter? —replicó Tomy sorprendido al no obtener la conformidad de su amigo.

—El caso es que, visto de esa manera, el señor tiene razón, Tomy.

—Peter, te recuerdo que todas las noches te metes entre dos y tres pintas al cuerpo en mi local y parece ser que la mayoría de los días acompañas tu comida en el trabajo con una cerveza...

—Creo que no tengo el placer —interrumpió educadamente el hombre del piano, dirigiéndose a Peter en un intento por frenar las acusaciones de Tomy.

—Es mi amigo Peter —señaló Tomy haciendo a regañadientes un gesto de presentación.

—Encantado, Peter —contestó el pianista mientras le tendía la mano.

—El placer es mío, señor...

—Charles, me llamo Charles Paul Smith.

—Pues no sé, señor Charles Paul Smith —, quizá sea un poco extremista su posición, ¿no cree?

—Charles, puede llamarme Charles. —Y tras hacer una pausa para beber un trago de agua, prosiguió—. Efectivamente, depende de cómo se mire. Desde el punto de vista de alguien acostumbrado a beber, podría considerarse una exageración, pero desde mi perspectiva le aseguro que encuentro mucho más fascinante ser capaz de sacarle el máximo partido a cada instante. Extraer lo mejor de cada momento gracias a poder disfrutar de un estado de lucidez constante. Al menos en mi caso, eso me ayuda mucho a darle sentido a mi vida.

—¡Premio! —exclamó Tomy—. Llega usted en el momento preciso y con las palabras justas, «el sentido de su vida». Está hablándole de la vida a alguien que lleva un rato un poco pesado con eso del sentido de su vida...

—¡Te quieres callar, Tomy! —replicó Peter mientras miraba enojado a su amigo.

—No sé por qué te enfadas, últimamente no hablas de otra cosa y ahora, de repente, surge la conversación...

—Pues mira, Tomy, en primer lugar, si yo le encuentro o no sentido a mi vida es algo que no creo que le interese demasiado al señor Smith y, en segundo lugar, estamos hablando de beber o no beber alcohol. Sinceramente, no creo que eso tenga mucho que ver con el sentido de la vida.

—Disculpe, Peter —interrumpió Charles de inmediato—, ha de saber que no tengo un interés especial por conocer sus problemas, pero si en algún momento puedo servirle de ayuda, desde luego que puede contar conmigo. Y ya que ha surgido el tema, me voy a atrever a plantearle una especie de juego que quizá pueda contribuir a resolver su inquietud. Si yo le preguntara «¿quién es usted?», ¿qué me contestaría?

—¡Vaya pregunta! —farfulló el joven mientras miraba de reojo a Tomy—. Soy Peter, tengo treinta y cinco años, trabajo en un banco, vivo en Londres, mis padres son...

—Perdone, Peter —interrumpió Charles súbitamente—, no le he preguntado cómo se llama, ni cuál es su edad, ni tampoco qué profesión tiene, ni quiénes son sus padres. Lo que le he preguntado es quién es usted.

Peter permaneció en silencio durante unos instantes, desconcertado ante la disertación de aquel hombre, sin saber qué decir, hasta que por fin contestó:

—Bien, ya lo entiendo. Soy una persona un tanto introvertida, poco atrevida, sin demasiadas aspiraciones y con muy poco sentido del humor; sin embargo, soy sincero y honesto, alguien en quien se puede confiar. No seré el más valiente del mundo, pero en una ocasión...

—Perdone que le corte de nuevo, Peter, pero yo no le he preguntado cómo es usted. Todo lo que menciona son atributos de su personalidad que tienen mucho que ver con su forma de ser, con su carácter, etc. Yo lo que le estoy preguntando es quién es usted. Vamos, dígame, ¿quién es usted?

Peter balbuceó intentando dar alguna respuesta más, pero su mente estaba en blanco. Su rostro mostraba un gesto desconcertado en mitad de un silencio eterno, que tan solo fue roto por un suspiro desconsolado.

—¡Uf! No lo sé, Charles, no lo sé. La verdad es que creo que nunca me lo había preguntado en serio.

—Pues eso es lo primero que debería hacer si quiere descubrir el sentido de su vida. Empiece por preguntarse continuamente *quién es usted y qué hace aquí*. Si no sabe quién es, nada tiene sentido, pues no será nadie. No sabrá qué es lo que tiene que hacer, ni hacia dónde tiene que ir, se encontrará perdido.

—Claro, eso es lo que me pasa, me encuentro perdido, pero no entiendo en qué me puede ayudar plantearme esa pregunta.

—Muy simple, empezará a tener respuestas. Solamente quien se hace preguntas obtiene respuestas.

—¿Así de simple? —preguntó Peter con cierto aire de incredulidad.

—Así de fácil —contestó Charles—. Si lo hace de verdad, la vida le responderá.

Tras las palabras de Charles, se hizo un silencio sostenido por las caras de sorpresa de los dos amigos, hasta que la repentina tos de Tomy acabó expulsando sobre la barra los restos de la colilla que pendía de su boca, ante lo cual Peter se apresuró a intervenir mientras apartaba la pinta de cerveza de su lado.

—Es curioso, me llama la atención que llevo una temporada dándole vueltas a esta cuestión sobre el sentido de mi vida y ahora resulta que, nada más conocerle a usted, la primera conversación que mantenemos es sobre ello.

—¿Se da cuenta? —replicó Charles—. Quizá tenga que ver con que usted ya había dado el primer paso: hacerse la pregunta.

—Y digo yo, ¿no sería más fácil dejarlo en manos de la casualidad y ya? —interrumpió Tomy, mientras limpiaba con una bayeta desgastada la ceniza y los restos de su cigarrillo esparcidos sobre la barra.

—¡No! —exclamó rotundamente Peter—. Algo me dice que no es casualidad y, además, creo que este hombre tiene más respuestas de las que nos está dando. No lo puedo explicar, pero hay algo dentro de mí que me dice que esto es así.

—Me deja usted un poco abrumado —contestó Charles sin perder la compostura serena y tranquila—. Evidentemente, yo no he sido consciente antes de conocerle de que usted se estuviera cuestionando su vida, ¿pero qué tal si lo dejamos en lo que le acabo de decir? Usted se ha hecho una pregunta y la vida le ha contestado.

—Pues que me quedo como estaba —se apresuró a replicar Peter, encogiéndose de hombros—. Usted no me está explicando cómo es posible que yo me haga una pregunta y la vida me responda, así que le agradecería que si puede aclarármelo, lo hiciera.

—Lo entiendo, sé que no es fácil de comprender y le aseguro que para mí tampoco lo será explicárselo. Aun así lo intentaré. Díganme una cosa, ¿han oído hablar del «lenguaje sutil»?

—¡No! —contestaron Peter y Tomy al unísono.

—Bien, digamos que existe un «idioma de la vida». Se trata de una especie de fuerza invisible que se expresa a través de la naturaleza, incluyendo por supuesto a los seres humanos y todo lo relacionado con ellos. Cuando alguien aprende a leer en este idioma participa de una especie de juego en el que puede conseguir respuestas a preguntas y, aún mejor, en muchas ocasiones ese «lenguaje sutil» le ayuda a conseguir los objetivos de su vida, indicándole el camino. Cuando aprendes a interpretar sus señales, todo resulta más sencillo, y cuanto más te dejas guiar, más fácil te resulta caminar por la vida y conseguir tus metas. El lenguaje sutil te ayuda a situarte en los lugares necesarios y en los momentos oportunos, te avisa de los obstáculos, te indica la dirección, te pone delante de las personas que necesitas en cada momento para obtener una respuesta o conseguir un objetivo.

Tras la disertación de Charles se hizo el silencio entre los dos amigos, que, con cara de pasmados, se miraban el uno al otro a la espera de que alguno de los dos se pronunciara.

—¡Camarero, quiero una cerveza de las grandes! —gritó un cliente mientras a duras penas luchaba con la barra para intentar sostenerse en pie debido al exceso de alcohol.

—Disculpadme, voy a ayudar a ese tipo a que se vaya a su casa, ahora vuelvo —irrumpió Tomy.

—¡Vaya! Sí que es interesante todo lo que usted dice, Charles. Suena francamente bien, aunque me temo que no consigo comprenderlo del todo. También he de decirle que a pesar de que lo veo a usted muy convencido de lo que dice, me parece un poco increíble lo que cuenta y, permítame, sigo sin entender qué tiene que ver todo esto con las casualidades.

—¿Pero a usted qué es lo que le pasa, Peter? —preguntó Charles sin rodeos.

—¿Que qué es lo que me pasa...? Eso es lo que me gustaría saber. No lo sé, sinceramente no lo sé. Lo único que le puedo decir es que no estoy satisfecho conmigo mismo. No disfruto con mi trabajo, detesto donde vivo, me cuesta pensar en el futuro; resumiendo, no me gusta nada mi vida.

—¡Cuánto lo lamento, Peter...! Siento mucho que se encuentre así y me encantaría continuar con esta conversación, pero he de irme ya, aunque no sin antes hacerle un regalo.

—¿Un regalo?—exclamó Peter sorprendido.

—Sí, y espero que le sirva para obtener algunas de las respuestas que está buscando.

Charles sacó de su maletín un libro y se lo entregó a Peter. Se trataba de un libro blanco, con un árbol en la portada y cuyo título rezaba: «El libro de iO».

—¡El libro de…, no entiendo muy bien cómo leer esto! —exclamó el joven mientras señalaba con su dedo la palabra «iO».

—Es normal, no es fácil de leer. En realidad es una palabra compuesta por una «i» latina y una «O» mayúscula, «iO».

—Pero no tiene mucho sentido —se apresuró a replicar Peter—. Si «iO» es un nombre propio, la mayúscula debería ser la «i». Está al revés.

—Tienes parte de razón Peter, pero a lo mejor no es un nombre propio y es algo más, o quizá sea un nombre propio y algo más.

—No sé qué decir, Charles, me deja intrigado, ¿de qué va?

—Será mejor que lo descubra usted, sería muy complicado explicárselo ahora y, además, no tendría sentido. Lo importante es que lo lea detenidamente. Estoy convencido de que si lo hace, su vida se trasformará antes de lo que imagina.

—¡Vaya! —contestó Peter con cierto aire de incredulidad—. Eso que acaba de decir suele ser el eslogan de venta de muchos libros: «el libro que trasformará tu vida»…

—Este es diferente, se lo aseguro, muy diferente al resto.

—¿Y quién lo ha escrito, si se puede saber? No pone quién es su autor por ningún lado.

—Eso también tendrá que descubrirlo. Será una sorpresa, se lo aseguro.

—Gracias, Charles, estoy abrumado y un poco desconcertado. Parece que este libro es muy importante para usted. Si me lo da, se quedará sin él. No sé…, me hace sentir incómodo.

—Tranquilo, Peter, es cierto que es muy importante para mí, como le aseguro que llegará a ser para usted algún día; seguramente antes de lo que se imagina. Si quiere, podemos hacer un trato para que no se sienta tan incómodo.

—¿Un trato? —contestó el joven todavía más intrigado.

—Sí, le propongo lo siguiente. Si una vez leído, o incluso mientras lo está leyendo, aparece alguien en su camino al que cree que la lectura de este libro le ayudará a mejorar su vida, tendrá que regalárselo. Tan solo debe hacerlo si cree que en ese momento esa persona necesitaría tener este libro, pero debe ser este ejemplar y no otro, el que usted ha leído, el que usted ha tenido durante algún tiempo en sus manos. Será muy importante para usted que cumpla con esta condición.

—¡Ja!, será importante para esa persona que recibe el regalo —interrumpió Peter con ironía—, pero no veo cómo puede repercutir eso en mí.

—No, Peter, será importante para usted, ya lo descubrirá. Ahora, si me permite, tengo que dejarle.

¿Y cuándo volveré a verle? —se apresuró a preguntar el joven mientras Charles retiraba el maletín de la barra para encaminarse hacia la puerta.

—Me verá, cuando sea necesario me verá.

Esa noche Peter, después de despedirse de Tomy, salió más pensativo que nunca de El Escocés.

Durante todo el camino de regreso a su casa, no hizo más que darle vueltas a todo lo que le había contado «el hombre que tocaba el piano con los ojos cerrados», y sus palabras no dejaban de resonar en su interior en medio de la noche callada.

Apenas se escuchaba un ruido en el tranquilo barrio de Old Castle. Peter se apresuró a llegar a su casa, empujado por las ganas de leer el libro que le había regalado Charles Paul Smith, y así lo hizo, tan rápido como pudo.

Una vez que se metió en la cama, lo cogió entre sus manos, ansioso por descubrir si sería cierto todo lo que le había explicado aquel hombre, y sin darle más vueltas lo abrió por la primera página y comenzó a leer.

# El Libro
# de iO

## El cuidador de pollos

*H*ace años, en un pequeño pueblo de un lejano país, nació un niño en el seno de una familia humilde de labradores. Eran tiempos difíciles.

La familia de iO, que es como se llamaba el niño, además de trabajar en el campo poseía una granja con más de diez mil pollos, gracias a la cual podían incrementar los ingresos percibidos de la labranza. Pese a ello, la situación económica no era buena y, al cumplir los once años el niño tuvo que ocuparse del trabajo de la granja para que su padre pudiera dedicarse a otras labores y así obtener unos ingresos superiores.

Cada tarde, al salir de la escuela, iO se dirigía a la granja para darle de comer a los pollos.

Recogía la merienda que su madre le preparaba con esmero y salía corriendo por un sendero que atravesaba los campos que separaban la granja del pueblo. Esta distancia era de medio kilómetro y, aunque había un camino más corto, prefería ir por un carril estrecho que pasaba junto a un lugar a mitad del recorrido que para él era muy especial. Se trataba de unos bloques de piedra muy grandes, con formas más o menos rectangulares, agrupados en un círculo. La mayoría se mantenían fincados, gracias a que su base estaba hundida en la tierra, excepto dos que, por algún motivo, se habían caído uno al lado del otro y permanecían en posición horizontal.

A iO le gustaba pararse allí a merendar. Elegía una de las dos piedras, se tumbaba encima y, mirando al cielo, solía preguntarse, entre otras cosas, qué hacían allí aquellos bloques pétreos, quién los habría puesto y por qué. Ese era su momento de descanso, pues una vez terminado el refrigerio, salía corriendo, dispuesto a llevar a cabo el trabajo que su padre le había encomendado.

Cada día tenía que alimentar a los más de diez mil pollos que se encontraban repartidos a lo largo de una nave de cien metros de longitud. Ayudado por una carretilla, debía trasportar cada día unos cincuenta sacos de pienso desde un almacén situado enfrente de la granja. La tarea era realmente agotadora, pues el niño era pequeño y los sacos de pienso, demasiado grandes para él, le doblaban el peso. Por si fuera poco, al llegar a su casa tras el duro trabajo, y a pesar del cansancio, todavía tenía que estudiar y hacer las tareas de la escuela.

Un día, al llegar a su rincón secreto, se encontró con que un anciano estaba tumbado encima de una de sus piedras favoritas, tal y como solía hacerlo él. iO se quedó sorprendido, pues aquel hombre no le resultaba familiar. Desde luego no se trataba de ninguna persona del pueblo. Vestía una camisa y unos pantalones de lino con unas sandalias de piel y, aunque de apariencia afable, había algo en él que parecía inquietar al niño, quien no cesaba de dar vueltas alrededor de las piedras sin apartar la vista de aquel anciano de pelo blanco.

—¡Hola, me llamo iO! ¿Y tú cómo te llamas?

—Yo me llamo Om —contestó el anciano con una voz suave y profunda.

—¿Y qué haces aquí?

—Estoy mirando el cielo, ¿y tú?

—Yo también vengo a mirar el cielo.

—¿Y por qué lo haces? —volvió a preguntar el anciano.

—Me gusta mirarlo y pensar en él —contestó iO con el desparpajo que le caracterizaba.

—Pareces un niño muy despierto. Dime una cosa: cuando lo miras, ¿en qué piensas?

—Sobre todo, me gustaría saber quién lo hizo y también quién puso estas piedras aquí.

—Ja ,ja, ja —rompió a reír el anciano—. Lo segundo es muy fácil de contestar, pero lo del cielo creo que nos puede llevar algo más de tiempo. Dime, pequeño, ¿acaso dispones de tiempo suficiente?

—¡No! —respondió iO mientras sacaba su merienda del zurrón que llevaba colgado—. Solo tengo el tiempo justo para comerme esta merienda.

—Pues me temo que no será demasiado, a juzgar por la escasez de la ración y por la cara de apetito que tienes. ¿Y se puede saber a qué se debe tanta prisa?

—Sí, claro —intentó contestar iO con la boca llena—, tengo poco tiempo porque he de darle de comer a todos los pollos que hay en aquella granja.

—¡Santo Dios! —exclamó el anciano con aire de sorpresa—, pero eso es imposible para un niño tan pequeño como tú. ¡Debe de haber muchísimos animales ahí dentro!

—Diez mil y alguno más —contestó a duras penas iO mientras le asestaba otro bocado a su merienda.

—¿Y no crees que eres demasiado pequeño para trabajar tanto?

—¡Uf! —exclamó el niño—. Hoy no tengo tiempo para contárselo, pero, dígame: ¿usted sabe las respuestas?

—¡Ja, ja, ja! —volvió a reír el anciano a carcajadas—. Sí, claro que las sé, yo sé todas las repuestas.

—Pues dígame rápido, ¿qué son estas piedras y quién las puso aquí? En el pueblo nadie ha sabido contestarme, todo el mundo dice que son «Las Peñezuelas» y que llevan en este lugar toda la vida. También sé que junto a la ermita del pueblo hay otras piedras muy parecidas a estas.

—Está bien. No te impacientes, pequeño, te lo explicaré.

El anciano, que durante todo el tiempo había permanecido tumbado, se incorporó y, agarrando por un brazo a iO, lo sentó junto a él y contestó:

—Esta formación de grandes piedras se llama dolmen y fueron colocadas aquí hace más de tres mil años por los pobladores de estas tierras.

—¿Qué está diciendo? Eso hace muchísimo tiempo. ¿Y para qué las pusieron aquí?

—En realidad los dólmenes eran una especie de construcción funeraria que se utilizaban también para marcar el territorio, pero lo más importante es que siempre los construían en lugares especiales, y además, aquellos hombres sabían detectarlos. No lo hacían en cualquier sitio, elegían siempre los lugares en los que había una energía especial.

—¿Y cómo sabían que era un lugar especial?

—De la misma forma que un gato sabe cuál es el lugar más adecuado para dormir. Ten en cuenta que vivían pegados a la naturaleza, caminaban descalzos la mayor parte del tiempo y estaban muy acostumbrados a observar el comportamiento de los animales.

—¡Vaya! Realmente es cierto que usted sabe mucho, nunca me hubiera imaginado una cosa así. ¿Y ahora podría decirme quién hizo el cielo?

—Me temo que no, iO, esa respuesta llevará algún tiempo y creo que será mejor dejarlo para otro día si tienes tanta prisa...

—¿Y cómo sabré que volveré a verle?

—Me verás y me escucharás —contestó el anciano con voz cansada mientras se ponía en pie—. Ahora vete, has de cumplir con tus obligaciones.

Pasó el tiempo y llegó el frío invierno. El manto blanco de las nieves del norte cubrió los campos y el camino de los dólmenes que conducía a iO hasta la granja, obligándole a tomar la senda de la carretera. Al pequeño no le gustaba demasiado este camino, pues pasaba cerca del prado donde el resto de niños del pueblo jugaban por las tardes mientras él tenía que ir a trabajar.

Mes tras mes continuó con su labor, ansiando que llegara un tiempo mejor.

Yermo el campo y baldío en sus entrañas tras el frío asolador, la vida renació con las primeras lluvias que anunciaron la llegada de la primavera. El camino de las piedras, despejado de nieve y barro, se tiñó de verde y ocre, acicalándose con flores silvestres en las cunetas y en los bordes de los caminos. Entre olores campestres y colores florecidos, iO retomó el sendero de la granja, dejando atrás el invierno y disfrutando del nuevo tiempo.

Al llegar a los dólmenes, no se percató de la presencia del anciano Om hasta que estuvo prácticamente dentro del círculo de las piedras. Allí estaba, sentado en el centro, con los ojos abiertos contemplando el cielo, absorto en el silencio. Al verle, el pequeño dio un grito y salió espantado.

—Tranquilo, hijo, ¿por qué te asustas?

—Lo siento, señor, pero es que no me esperaba encontrarle aquí.

—¿Cómo te ha ido el invierno? —preguntó el anciano mientras le hacía un gesto con la mano invitándole a sentarse frente a él.

—Bueno, la verdad es que se me ha hecho demasiado largo y muy duro —contestó, mientras sus ojos acristalados se enturbiaban con la presencia de una lágrima contenida —. Durante el invierno anochece muy pronto y cuando terminaba de darle de comer a los pollos ya era de noche. A esas horas el frío en la calle es insoportable y los niños ya no salen de casa, con lo cual, apenas he podido jugar con ellos. Lo mejor de todo ha sido la semana en la que trajeron los pollitos nuevos. Los traen recién nacidos, en cajas de cuarenta unidades, y es muy divertido sacarlos con las manos y depositarlos encima de la paja limpia. Son tan suaves y tiernos... Algunos vienen incluso con el cascarón pegado, pues apenas hace unas horas que han nacido. Durante esa primera semana, mi padre, mi madre y yo vamos a dormir a la granja todas las noches, pues es necesario mantener las estufas muy calientes; de lo contrario, los pollitos se morirían de frío. Cuando llega la hora de dormir, nos tumbamos los tres en un colchón, encima de la paja, pero es imposible dormirse; los pollitos se pasan toda la noche piando y siempre hay alguno que se te sube por el cuerpo. Lo bueno es que esos días mi padre me lleva al colegio más tarde, pasado el recreo.

El anciano le miró fijamente a los ojos y mientras le cogía una mano le preguntó:

—¡O ¿por qué tu mirada es tan triste?

Las lágrimas del pequeño rebasaron los párpados de sus ojos, brotando hacia las mejillas acompañadas por un llanto mudo. Era un llorar del alma que le atoraba la garganta. ¡O necesitó unos instantes para recuperar la compostura.

—Tranquilo, desahoga tu amargura. No pasa nada por llorar. Dime, ¿qué es eso que tanto te angustia y te hace suspirar?

—No entiendo por qué me ha tocado trabajar tanto. Los demás niños apenas ayudan a sus padres de vez en cuando. Yo sé que en este momento es necesario que lo haga, pero ¿por qué me ha tocado a mí?, ¿por qué no puedo tener una vida como la de los otros niños? Me gustaría jugar con ellos todas las tardes.

—Tranquilo, pequeño —intervino el anciano—, algún día comprenderás que nada de lo que ocurre en tu vida es por casualidad. Con el paso del tiempo entenderás el sentido de cada acontecimiento y la importancia de cada persona que se cruce en tu vida. Lo primordial es que no pierdas nunca tu sinceridad y tu inocencia. Esos son los valores más importantes de un niño, ambos son la expresión de la pureza. Has de conservarlos siempre; de esa forma te convertirás en un hombre puro de corazón y, gracias a ello, llegará el momento en el que comprenderás el sentido de tu vida, aprenderás a vivir intensamente el presente, entenderás todo lo que te ha ocurrido en el pasado y podrás vislumbrar tu futuro.

—¿Y entonces sabré quién hizo el cielo? —preguntó iO mientras se secaba las lágrimas.

—¡Ja, ja, ja!, veo que no has olvidado tu pregunta —respondió Om mientras reía—. Eso para ti va a ser más fácil de lo que imaginas. Escucha atentamente lo que te voy a decir: en las piedras y en los árboles hallarás las respuestas.

—¿Que en las piedras y en los árboles hallaré las respuestas? No lo entiendo, ¿qué quiere decir con eso? —preguntó el niño atónito ante la afirmación del anciano—. Además, usted me dijo que me lo iba a explicar.

—No, querido, yo no te dije que te lo iba a explicar, tan solo dije que eso también lo sabía.

—¿Y por qué no me lo explica, si lo sabe?

—Porque para ti es mejor así. Dentro de poco, muy poco, vas a empezar a crecer y tu mente hará que cambie la forma que tienes de percibir las cosas. Para entonces te resultará más difícil verme en la forma en que hoy me ves. Por eso te pido que no dejes de ser ese niño que eres hoy. No pierdas tu inocencia y tu sinceridad, llévalas siempre en tu corazón a pesar de lo difícil que te resulte la vida en algunos momentos. Solamente así podrás aprender a escuchar primero a la naturaleza y después a «todo lo que existe».

—¿A todo lo que existe? —preguntó el niño con cara de asombro—. No entiendo nada de nada, ¿a qué se refiere con eso de escuchar a la naturaleza?

42

—Pues eso, aprender a oír a las plantas, a las piedras, a los árboles, a los ríos y los mares, a las estrellas y al sol.

—¿Pero cómo voy a hacer eso? Las piedras y los árboles no hablan. Son piedras, son árboles, no saben hablar.

—¡Ja, ja, ja! —el anciano no pudo evitar soltar una carcajada tras otra mientras observaba al pequeño desconcertado—. Disculpa que me ría, pero es que tendrías que ver la cara que has puesto. Es cierto que las piedras y los árboles no pueden hablar, no tienen boca, pero te aseguro que tienen muchas cosas que contarte. Tan solo tienes que aprender a escuchar.

—¿Pero cómo voy a escucharlos si no pueden hablar? Solamente las personas podemos hacerlo, las cosas no hablan, los animales, los árboles y las plantas tampoco —se apresuró a proclamar el pequeño con el rostro cargado de expresividad.

—Lo sé, iO, lo sé; sin embargo, te digo que puedes escucharlos, tan solo tendrás que «apagar la mente y encender tu corazón».

No dejes nunca de sentirte un niño mientras contemplas los milagros de la naturaleza. Así podrás llegar a la esencia de todo lo que te rodea, de todo lo que existe y algún día, esa esencia, en el momento más inesperado, entrará en contacto contigo.

Tras las últimas palabras, los dos se despidieron con un tierno abrazo.


# *El cuidador de vacas*

Avanzada la primavera y aprovechando la máxima altura y el verdor de los pastos, las gentes del pueblo llevaban las vacas a pastar a los prados.

Cada tarde y hasta que los primeros calores estivales secaran la hierba, se reunía a todas las vacas del pueblo a las afueras. Según la norma, se establecía que, por cada pareja de estos animales, el propietario tendría que responsabilizarse durante un día del cuidado de todas las vacas del resto de vecinos.

*El padre de* iO *tenía un establo grande y sacaba a pastar catorce vacas, por lo que al pequeño le correspondía permanecer siete días al frente de toda la manada. A las cinco en punto, el encargado de tal menester debía acudir al campanario de la iglesia para tocar las cinco campanadas que indicaban que había llegado la hora de «la vacada».*

*Durante esa semana su padre se ocupaba de la granja de los pollos, mientras que* iO, *nada más salir de la escuela, tenía que correr hacia su casa para recoger el zurrón con la merienda y salir corriendo para llevar las vacas al prado.*

*Las tardes eran largas y aburridas. La única distracción que el niño tenía consistía en observar a los animales y a las plantas.*

\*\*\*

*Ya metidos en el verano, el padre de* iO *le encargó recoger un remolque de hierba en La Regata. Se trataba de una zona de pastos en la que persistían los últimos resquicios de hierba verde gracias a unos humedales abastecidos por las filtraciones subterráneas de un pequeño riachuelo, un regato, de ahí el nombre de aquellas praderas. Esa tarde* iO *fue a recoger la hierba que su padre había segado por la mañana para que sirviera de pasto para las vacas.*

*Para realizar el trabajo se servía de una «horqueta», un apero de labranza formado por un mango largo de madera que acababa en varios pinchos de metal encajados en el asta. Estos eran tan puntiagudos y afilados, que perfectamente podría utilizarse como un arma mortífera, aunque estaba diseñada para recoger paja, abono y otros productos del campo. Gracias a la gran longitud del mango,* iO *utilizaba la horqueta para alzar cada montón de hierba hasta lo más alto del remolque que su padre había dejado aparcado en mitad de la pradera. Pacientemente amontonaba la hierba segada para  después subirla al carruaje.*

Cuando apenas le quedaban un par de montones, decidió juntarlos en uno solo para ahorrarse un viaje. Aquel montón de hierba era tan grande, que para poder abarcarlo todo de una vez, tuvo que situarse muy pegado a él, tanto que los pies se le quedaron totalmente tapados bajo la hierba. iO tomó aire profundamente para tener la energía suficiente que aquel esfuerzo requería y con la horqueta entre las manos estiró los brazos tanto como pudo, clavándola contra la hierba con todas sus fuerzas. De repente, un grito de dolor enmudeció la pradera haciendo retumbar hasta la última piedra. En su afán por abarcar toda la hierba, la horqueta le había atravesado el pie izquierdo y la suela de la sandalia, hasta clavarse en la tierra. Retorcido por el sufrimiento, entre llantos y lamentos, se aferró al mango de la herramienta, pues la angustia que sentía era tan grande que temía desvanecerse.

Tras unos instantes, su primer impulso fue arrodillarse en el suelo, sobre la pierna que le había quedado libre para ver la gravedad de la herida y estudiar la forma de sacar la horqueta, pero el pincho había penetrado con tal profundidad en el suelo que no le permitía realizar movimiento alguno. El niño, aunque aturdido y asustado, se dio cuenta de que la única opción que le quedaba era desclavar la horqueta. Con la sangre helada y el corazón en un puño, iO agarró como pudo el mango de la herramienta y, tirando fuerte hacia arriba, consiguió desclavarla del suelo y liberar el pie.

Preso de una mente agitada y un cuerpo tembloroso, se sentó en la hierba para ver la gravedad de la herida. Las manos le bailaban al intentar sacar el pie de la sandalia y un escalofrío le recorrió todo el cuerpo al contemplar el agujero que el pincho dejó en el cuero. Una vez desnudo el pie, observó el desgarro producido entre dos dedos, percatándose de que uno de los pinchos había penetrado rozando el hueso; unos milímetros más atrás, y la cosa hubiera sido mucho más grave. Apenas sangraba un poco, lo cual le tranquilizó bastante, pues se encontraba lejos del pueblo y tenía que regresar andando.

Gracias a un pañuelo que llevaba en el bolsillo, pudo taparse la herida. Su madre siempre le decía que un hombre, por lo que pudiera pasar, no debía salir de casa sin un pañuelo limpio. Se calzó la sandalia como pudo y emprendió el regreso, no sin antes recoger con sumo cuidado la hierba que faltaba.

Cojeando y malherido, recorrió el camino pedregoso, soportando las molestias y un escozor entre los dedos que cada vez se hacía más incómodo.

Pese a las dificultades para caminar, consiguió llegar al pueblo y al observar una chopera que había junto al puente, a la orilla el río, sintió la necesidad de pasear descalzo sobre la hierba. Algo le decía que su frescor le podía aliviar el dolor. Rodeado de plantas silvestres y custodiado por unos chopos gigantes, paseó descalzo durante un buen rato, después buscó una sombra, se sentó y descansó.

Apenas habían trascurrido unos instantes cuando empezó a sentir cierto alivio proporcionado por el contacto con la hierba fresca y la tierra húmeda. La sensación era tan agradable, que decidió tumbarse para intentar sentir lo mismo en todo el cuerpo. Al hacerlo, notó cómo sus músculos se relajaban. Era algo curioso: se encontraba protegido, acogido por la pradera y la tierra. Cerró los ojos e imaginó que la hierba le abrazaba como una madre abraza a un hijo. Se percató de que la temperatura del suelo se había fundido con la de su cuerpo y la sensación fue todavía más agradable. Se dejó llevar por la paz del lugar y los sonidos de la naturaleza, entre ellos los de una pareja de jilgueros que se cortejaban entre las ramas de los árboles. De fondo se podía escuchar el sonido de un grillo hambriento entre el murmullo de las aguas tranquilas que bajaban por el río.

La mente de iO se ausentó por un momento, olvidándose del dolor. Se dejó arrastrar por aquella sinfonía natural de tal modo que a punto estuvo de diluirse en un sueño, y no fue así porque algo le distrajo desviando su atención hacia otro sentido. Sin abandonar el estado de quietud, el olfato del crío se despertó al respirar un olor especial, tan intenso y penetrante, tan embriagador, tan agradable, que le sumió en un estado de paz más profundo si cabe.

*Desde ahí, desde ese estado de calma, el niño se percató de que podía observar cómo su mente viajaba entretenida por los sentidos entre olores y sonidos, refugiada en el calor de la tierra, arropada por la hierba.*

*Lejos de toda somnolencia, permanecía en un estado de lucidez que le permitía observar sus propios pensamientos, dándose cuenta además, de que cuanta más perspectiva tomaba, cuanto más se separaba de su mente, mayor era la paz que alcanzaba, y entonces se preguntó cómo era posible observar todo lo que pensaba.*

*Semejante reflexión se desvaneció en menos de un instante al hacerse presente un absoluto silencio mental, del cual, y como de la nada, surgió de forma totalmente inesperada la siguiente afirmación:*

«Puedo curarte, puedo sanar tu pie».

*iO se quedó sin aliento ante semejante hecho, pues no había oído nada por fuera, pero aquella frase le había resonado con fuerza por dentro. Pasados unos segundos sucedió por segunda vez, desde el vacío mental, desde todas partes y ningún lugar, pero tan real como todo lo que le rodeaba volvió a escuchar sin oír:*

«Puedo curarte, puedo sanar tu pie. Utiliza mi sangre para limpiar tu herida. Abre los ojos y me verás».

*El niño abrió los ojos y pudo contemplar cómo a menos de un palmo de su cara se alzaba una pequeña planta de la que pendían unas flores amarillas con forma de campanillas. Se trataba de una planta silvestre, de ramas y hojas verdes, que se erguía tras su cabeza inundando con su olor toda la naturaleza.*

*Después de incorporarse lentamente, se arrodilló frente a la planta y dejándose llevar por algo que está más allá de la razón, más hondo que la intuición, rompió por la mitad uno de los tallos. Al hacerlo, brotó un líquido lechoso muy denso que enseguida empezó a gotear. El pequeño se sentó en el suelo para curarse el pie y en el mismo instante que fijó la mirada en la herida regresó el dolor intenso arrastrando con él a la mente, que hasta entonces había permanecido olvidada en el silencio de la abstracción. No lo dudó; hizo gotear la savia lechosa sobre la herida y la esparció hasta que se quedó bien embadurnada.*

*Durante esos instantes permaneció sosegado, pensando en todo lo que le había pasado, intentando saber de dónde había surgido aquella voz interior que había brotado con tanta fuerza en su mente.*

*Un rayo de sol rompió las sombras de los árboles y, atravesando las hojas, dejó sentir su calor sobre el pie del niño. Eso le alivió. Mientras se secaba la savia con la luz del sol, percibió cómo poco a poco disminuía el dolor. Así aguantó hasta que «el astro rey» se desvaneció, entonces se calzó las sandalias y, sigilosamente, se alejó de aquella pradera dirigiéndose hacia su casa.*

*Al día siguiente, la madre de iO subió a despertarle a la habitación en la que dormía, en el piso de arriba, junto a la terraza que daba al río. Como siempre, abrió las ventanas para que entrara la luz y el niño se despejara. Se acercó a la cama para colmarlo de besos y arrumacos mientras el pequeño se desperezaba.*

*El olor de las tostadas inundaba la casa provocando que iO se apresurara a bajar las escaleras para desayunar. Al hacerlo, apenas sintió dolor en su pie, tan solo una leve molestia que con el transcurso del día fue desapareciendo.*

*Pese a lo excepcional del episodio que había experimentado con aquella planta, iO continúo con su vida de una forma normal. Alguna vez le asistía el recuerdo de aquel acontecimiento y aunque no entendía lo sucedido, nunca se atrevió a compartirlo con alguien. Confiaba en que si algún día volvía a encontrarse con el anciano Om, él le daría alguna explicación.*

*Transcurrió el tiempo y el niño fue creciendo, abandonando la infancia, atravesando la adolescencia, entrando en la juventud, disfrutando de ella. Sin apenas darse cuenta fueron pasando los años y el joven fue madurando con las dificultades propias de la gente del campo, forjado por la naturaleza, esculpido con el cincel del tiempo.*

*Año tras año, golpe tras golpe, se convirtió en un hombre noble, con una sensibilidad extraordinaria para disfrutar de todo lo que le rodeaba. Amaba la naturaleza y cuando estaba entre ella se preguntaba por los secretos de la vida, pero al no hallar respuestas pensó que al menos sería bueno describir lo que sentía; así nació su primera poesía:*

## A lo invisible

Dónde estás que no te veo
en los atardeceres rojizos,
dónde estás que no te encuentro
al despertar de los sueños,
dónde estás que no te huelo
al llegar las primaveras,
dónde estás cuando me hielo
en el otoño y en invierno.

Sin embargo, te siento y te presiento
en cada cosa que observo,
en la espiga y en la hormiga,
en la tierra y en el cielo,
en cada ciclo de la vida,
en un árbol y en el viento,
en las piedras del camino
que me dejan sin aliento.

Te siento en mis entrañas,
en cada suspiro que respiro.
No me muevo, no me muevo
esperando tu movimiento.
No te escucho, no te escucho
aunque guarde silencio.
No te encuentro, no te encuentro
por más que lo intento
Dónde estás que no te veo,
dónde estás que no te siento.

# Ser pensado,
## ser abrazado, ser vivido

Una tarde, iO *fue a trabajar a una finca que se hallaba lejos, en los límites del territorio del pueblo. Después de varias horas preparando la tierra para la siembra, decidió hacer un descanso. Buscó cobijo bajo una encina centenaria, en la que había dejado su zurrón y un manto del que solía acompañarse cuando trabajaba lejos del pueblo. Como buen hombre de campo, sabía que, a veces, te podía sorprender un cambio inesperado de tiempo, y el manto, además de servir de abrigo, hacía las veces de mantel cuando llegaba la hora de comer.*

iO *se sentó en el suelo con la espalda apoyada en el tronco de aquel árbol y, tras contemplar ensimismado el paisaje, se cobijó bajo el manto, cogió su cuaderno de poemas, y se dispuso a leer lo que había escrito el día anterior. Durante unos instantes disfrutó de su creación analizando palabra por palabra, verso por verso, todos y cada uno de los sentimientos expresados en sus rimas.*

*Después de leer su última poesía se quedó tranquilo y para sublimar el momento cerró el cuaderno, fijó la mirada en el horizonte y poco a poco fue permitiendo que su pensamiento se diluyera por completo, hasta quedarse anidado en la nada. Desde ese vacío mental, como si surgiera de dentro y de fuera, de cerca y de lejos, de alguna y ninguna parte a la vez, escuchó sin oír sonido alguno:*

*Déjame*
*que te piense,*
*déjame que te abrace,*
*déjame que te viva.*

*El joven se quedó aturdido, abducido por lo que acababa de resonar dentro y fuera de él, a la vez que imbuido por un estado de lucidez que nunca había experimentado. Enseguida se dio cuenta de que aquel eco, aquella resonancia, aquella frase que había escuchado* como un susurro insonoro, le traía el recuerdo de la planta que le había curado el pie cuando era niño, había resonado en su interior de la misma forma. Mientras intentaba entender lo que acababa de suceder, se dio cuenta de que estaba sentado sobre una piedra grande, bajo una encina; fue entonces cuando apareció en su mente el recuerdo del anciano Om explicándole que algún día aprendería a escuchar a las piedras, a los árboles, a las plantas, al sol y a las estrellas. También recordó el momento en el que le contó que lo único que tenía que hacer era «apagar la mente y encender su corazón». Entonces comprendió que eso es lo que acababa de suceder.

## La llamada

iO se despertó de madrugada, antes del alba. Abrió los ojos y mientras su mirada deambulaba perdida entre la oscuridad de la habitación, sintió la necesidad de regresar a aquel lugar en el que unas horas antes se le había revelado aquella frase que no dejaba de resonar en su interior:

Déjame
que te piense,
déjame que te abrace,
déjame que te viva.

A medida que la frase se amplificaba dentro de él, también lo hacía una especie de sensación que le empujaba a levantarse y acudir de nuevo a aquella encina. Era como si percibiera una especie de «llamada» que le hizo lanzarse de la cama y prepararse para salir.

Una vez vestido, metió en el zurrón un cacho de pan, un trozo de queso, se abrigó con el manto y se fue presto por el camino.

Era una noche cerrada, sin luna, tan solo la luz de las estrellas, aunque eso no le impedía caminar deprisa: conocía la ruta a la perfección. Después de una hora *andando, llegó a la encina justo cuando las primeras luces del día asomaban tras las colinas. Se sentó con las piernas cruzadas sobre la piedra, bajo el árbol. No sabía muy bien lo que hacía, pero allí estaba; tranquilo, sosegado, contemplando el horizonte iluminado. Entonces sintió un impulso, una certeza que le hizo entender que tenía que sacar su cuaderno de poemas; y así lo hizo. Lo abrió por una página en blanco y dejó que su mirada se perdiera en ella. Algo le hizo pensar que debía hacer lo mismo con su mente, dejarla en blanco. Otra vez no pensaba, otra vez no observaba, nada de nada; sin esperarlo, sin pensarlo y de una forma que no se puede describir volvió a escuchar sin oír:*

*Déjame*

*que te piense,*

*déjame que te abrace,*

*déjame que te viva.*

¡Escribe, iO, escribe!

*El joven, cobijado bajo su manto, permanecía tranquilo. Nada le afectaba, ni el amarilleo del horizonte que aparecía frente a él, ni el canto de un mirlo anunciando el alba. Cogió su bolígrafo con sigilo, sin miedo, tan solo conteniendo el aliento para no perder lo sublime del momento. Apenas colocó la punta del bolígrafo sobre el papel, volvió a escuchar sin oír y, sin pensar, empezó a escribir:*

«Déjame que te piense» es la frase para que desconectes tu mente y conectes con mi inteligencia. «Déjame que te abrace» es la llave para que me sientas en tu cuerpo.

*iO escribía igual que cuando era un niño en la escuela y el profesor le dictaba para enseñarle a escribir, pero ahora el maestro era otro. De pronto, en la primera pausa de aquel escrito se hizo una pregunta mentalmente y como si le hubieran leído el pensamiento, obtuvo la respuesta de inmediato.*

No te preocupes tanto por saber quién soy.

*Soy*
*como el manto*
*que te cobija, soy tú y soy el manto*

Hoy has comenzado un camino correcto. A partir de ahora, de la misma forma que otros antes que tú, recibirás informaciones en forma de pensamientos, cada vez más claros y esenciales, que no te permitirán albergar ninguna duda.

De momento, lo más importante es que aprendas a sentir «la llamada», mi llamada, tal y como lo has hecho hoy.

*Tras las últimas frases, iO no pudo evitar volver a plantearse la misma cuestión.*

—*¿Quién eres?*

*La pregunta le sirvió para comparar la diferencia entre los pensamientos que salían de él y los que entraban en él. Lo distinto que era cuando él pensaba y era pensado. Sabía que no podría explicarlo jamás, pues no existen palabras para describirlo; sin embargo, él lo percibía como dos situaciones tan diferentes, tan opuestas que no albergaba ninguna duda. Aquel dictado no salía de su cabeza, entraba y resonaba dentro y fuera, sin posibilidad de situarlo en ninguna parte, pero tan real como todo lo que tenía delante.*

*Después de ese breve diálogo interior, prosiguió el dictado:*

# El sistema inteligente

En el mundo físico soy una red, soy un tejido. En realidad, soy un estado que se comporta como un sistema inteligente. La piedra en la que estás sentado forma parte de ese sistema inteligente, es una especie de tejido, de red que en lo físico está constituido sobre una base de energía inteligente.

Soy la energía que lo sostiene todo. El árbol bajo el que te has sentado pertenece al mismo sistema; está pensado de forma perfecta, como vosotros.

Los seres humanos tenéis en vuestro organismo la esencia de las piedras y la esencia de los árboles, una parte mineral y otra orgánica.

*Por un instante se hizo el silencio y el joven aprovechó ese momento de vacío para pensar por sí mismo en lo que le estaba sucediendo y en quién le estaba dictando todo ese conocimiento. Esa era la cuestión que, una vez más, inevitablemente, ocupaba su pensamiento. ¿Quién era, quién conseguía entrar en él de esa forma y trasmitirle toda aquella sabiduría?*

*A la vez que se hacía esas preguntas, intentaba adivinar la forma en la que le llegaba la información. Lo más desconcertante para él era que mientras escribía los dictados tenía la certeza absoluta de que en ningún caso era cosa de su mente.*

*Sin saber cómo, sin saber cuándo, ese conocimiento aparecía en él y era tan real como el aire, tan legítimo como el viento.*

*De pronto, el silencio mental se rompió al empezar a recibir más información:*

En este momento estoy entrando en ti a través de la encina bajo la que estás sentado. Los árboles, las plantas y las piedras facilitan que su equilibrio energético se transfiera a vosotros cuando los tenéis cerca. Ellos viven en una especie de continuo estado meditativo en el cual vosotros también podéis entrar si apagáis la mente, entonces es más sencillo que os piense y os sintáis pensados. Eso es lo que te está sucediendo en este momento. Estás siendo pensado por mí, estás siendo vivido por mí de la misma forma que los animales, los árboles, las plantas, los ríos, los mares, el aire que respiras, toda la naturaleza y todo el universo.

Por el momento sigue con tu vida como si nada hubiera pasado, tan solo tienes que estar atento a «la llamada»

*iO sintió que la información había cesado y tuvo la certeza de que debía regresar a su casa. Atónito ante las circunstancias, se tomó unos minutos para intentar encajar en su mente todo lo que le acababa de suceder, más al no encontrar explicación alguna, recogió sus cosas y tomó el camino en dirección al pueblo.*

## Capítulo 3

## EL DÍA EN EL QUE PETER APRENDE A DESCUBRIR LAS SEÑALES

Peter caminaba pensativo hacia el trabajo. Las farolas que iluminaban las calles de Londres aún permanecían encendidas mientras se dejaban entrever las primeras luces del día a través de los edificios. Con la mirada perdida en su andar, el joven intentaba ordenar en su cabeza todo lo que había leído la noche anterior. De pronto, se detuvo al contemplar desde lejos la silueta de Sandy entrando en el banco. Todavía el corazón le daba un vuelco cada vez que la veía y pensaba que, a pesar de no haber nada entre ellos, era una suerte tenerla de compañera, pues eso hacía que todos los días deseara acudir al trabajo.

Aunque estuvo más distraído que de costumbre, la jornada trascurrió dentro de la normalidad habitual, pero, a diferencia de otros días, cuando acabó de trabajar, ni siquiera esperó a ser acompañado por el señor Sullivan hasta el metro. Intentó cumplir con el protocolo de la despedida lanzando al aire un simple «nos vemos mañana...» y salió disparado hacia su hogar. Estaba impaciente por seguir leyendo y descubrir la historia de iO.

Al llegar a su casa, apenas se entretuvo en comer algo ligero y, nada más hacerlo, se sentó en una butaca del salón, tomó el libro entre sus manos y, aferrándose a él, se sumergió en la lectura.

### EL LIBRO DE iO

*P*asaron los meses y mientras tanto iO continuó con sus quehaceres habituales, trabajando en el campo, cuidando de los animales y, en sus ratos libres, escribiendo poesías. Una noche sin luna salió a la puerta de la casa con su cuaderno de poemas, se sentó sobre el saliente de una ventana y al observar el cielo nocturno no pudo evitar estremecerse mientras contemplaba semejante maravilla.

Millones de estrellas titilaban en una especie de algarabía nocturna, centelleando y brillando más de lo normal. Cualquiera pensaría que todo el firmamento se había puesto de acuerdo para iluminar aquel momento.

Arrastrado por la emoción del acontecimiento, abrió el cuaderno con sigilo para no romper el silencio. Sin pensar en nada, se dejó llevar por aquello que con tanta admiración contemplaba y sumergido en lo más profundo de su ser le dedicó sus mejores palabras:

## A las estrellas

Por qué me miráis de esa forma,
por qué me alumbráis de esa manera,
tan lejanas como extrañas,
sin cadenas, ni fronteras;
abrazadas por el cielo,
protegidas con su velo.

No puedo tocaros, pero os siento,
no puedo escucharos, pero os vivo
y en las noches nubladas me lamento
porque no os veo, porque no os tengo,
porque voy y vengo,
voy y vengo.

A veces me castigo arrepentido
al descubrir que os he ignorado,
que os he fallado tras pasar la madrugada,
perdiéndome lo mejor,
vuestra mirada.

Terco, ingrato, desagradecido,
me siento malherido y lloro como un niño
cuando recuerdo al despertarme
que otra noche me dormí sin contemplaros,
que como siempre volví a traicionaros.

*Por qué me miráis, amadas mías,*
*por qué me ilumináis día tras día*
*si os doy la espalda y os ignoro,*
*os olvido y abandono; distraído como un tonto,*
*despistado como un loco.*

*Por qué me ilumináis amadas mías,*
*por qué me miráis.*
*Por qué...*

*Tras el último verso, iO permaneció inmóvil durante unos instantes. Se llenó de paz mientras respiraba aquel aire. La misma paz que le invadía cada vez que era pensado, abrazado, vivido y en aquel mismo momento, sin esperarlo, sin buscarlo, volvió a escuchar sin oír:*

Escribe, iO, escribe.

# El lenguaje sutil, el idioma de la naturaleza

Adelante, sé lo que estás pensando, ya has entendido la forma de comunicarte conmigo. A partir de ahora, y cuando lo desees, también puedes preguntarme. Siempre estoy ahí, siempre soy en ti.

—¿Por qué me eliges a mí?

*La respuesta fue inmediata.*

En realidad me estoy dirigiendo a todo el mundo continuamente. Sois vosotros los que elegís tener o no cierta relación conmigo. Estoy disponible siempre y me expreso ante todos continuamente, pero no todo el mundo elige leer mi lenguaje, ver mis señales. No es un reproche, es su elección y la mía.

El «idioma de la naturaleza» posee su propio lenguaje, al que podríamos llamar «lenguaje sutil».

Cada flor que nace, cada movimiento del viento, cada gota de agua que surge de una nube, es un acto de inteligencia. Tenéis que aprender a verlo, tenéis que aprender a leerlo.

A diferencia de los idiomas tradicionales entendidos como sistemas de comunicación verbal propios de cada comunidad humana, el lenguaje sutil no está circunscrito a ninguna región, a ningún estado, a ningún país. Está arriba y abajo, dentro y fuera, está en todo. Solo tenéis que aprender a leerlo y me estaréis leyendo a mí.

El lenguaje sutil está compuesto por la inteligencia inmanente que subyace en todo, que se manifiesta en cada componente de la naturaleza. Cada elemento que forma la naturaleza es como una letra, cada manifestación natural inteligente es como un signo gramatical, como un número, como una vocal o como una consonante del lenguaje sutil. Este se expresa de forma única y particular para cada persona, pues lo hace a través de su propia naturaleza y de la naturaleza que lo rodea. Además, no necesita traducción, ya que en sí mismo constituye y construye una certeza para cada uno.

—*¿Me estás queriendo decir que ese lenguaje se manifiesta en mi cuerpo y en todo cuanto hay a mi alrededor?*

Sí, eso es. Para aprender a leer el lenguaje sutil tienes que prestar atención a tu estado interior, y también, a las manifestaciones de ese lenguaje en el entorno exterior.

*Cuanto*

*más sutil sea*

*mi manifestación,*

*más verdadera*

*y real es*

Es importante que en vuestro día a día os esforcéis en aprender a descifrar las manifestaciones del lenguaje sutil que se os revelan en cualquier momento, en cualquier lugar a cada uno de vosotros. El lenguaje sutil está diseñado a la medida y en particular para cada persona. Es exclusivo para cada ser humano.

# Las casualidades

Lo que comúnmente entendéis como casualidades, no son otra cosa que confirmaciones de que el lenguaje sutil se está manifestando en vosotros.

Las casualidades forman parte de ese lenguaje, son un elemento más, como las letras o los signos, como las señales de tráfico que te indican el camino, la dirección.

No se mueve una nube del cielo, ni se cae una hoja al suelo sin que tenga sentido, sin que suceda porque tiene que suceder. Todos estáis donde tenéis que estar y hacéis lo que tenéis que hacer. No hay momentos importantes porque cada instante forma parte esencial de una cadena de sucesos diseñados para que se produzca un acontecimiento, un encuentro, para que toméis un atajo, un desvío, un camino.

Tenéis que aprender a leer las casualidades, las señales de vuestro tráfico. En unas ocasiones os indican la dirección, en otras os marcan una parada, un lugar, mostrándoos que estáis en el sitio correcto o con la persona adecuada.

—*Entiendo todo lo que me dices, pero conmigo te estás comunicando de una forma directa, de una manera que no consigo entender.*

Ya te he explicado que tú estás siendo pensado por mí. Todo está sucediendo tal y cómo tú lo elegiste.

—*¿Yo?, ¿cuándo?, ¿cómo?*

Ya lo entenderás, todavía no es el momento.

—*Está bien, pero al menos dime quién eres. Si estoy siendo pensado por ti, ¿debes ser alguien?, ¿no?*


# Parezco alguien, pero soy algo

Esa idea te separará de mí; te resultará más sencillo verme como «algo». Solo soy alguien cuando soy tú, cuando soy vosotros. En tu universo físico soy una red, soy un tejido que lo conecta todo, que lo es todo, que es el todo.

Lo que creéis que es alguien es «algo» y lo que pensáis que es algo es «alguien». Un árbol no es algo, es alguien y sabe que lo es; una piedra no es algo, es alguien y sabe que lo es; un electrón perteneciente a la materia de esa piedra no es algo, es alguien y lo sabe. Soy alguien cuando en vez del todo soy las partes, es decir, cuando soy vosotros.

*De pronto se hizo el silencio, como si la comunicación se hubiera cortado y en medio de la pausa apareció una pregunta en la mente de iO.*

—*Pero entonces, ¿tú desde dónde me hablas, desde mí o desde ti?*

No te hablo, te pienso desde mí, a través de ti. Desde la parte más elevada que hoy puedes concebir de mí, el todo. Pero utilizo tu naturaleza, cada una de tus células, cada uno de tus átomos y todo lo que te rodea.

*Cada una*

*de tus células*

*tiene más conciencia de*

*quién es que todos los*

*pensamientos que puede*

*generar la mente*

*a lo*

*largo*

*d e*

*una*

*vida*

## Los templos naturales

Existen templos naturales, en los que es más fácil conectaros conmigo. Se trata de parajes en los que la naturaleza se manifiesta de una manera especial, puede ser en un lugar del bosque, en un grupo de rocas de una montaña, en la orilla del mar o de un río.

—¿*Quieres decir que el hecho de pasar o permanecer durante cierto tiempo en uno de esos lugares nos ayuda a recordar quiénes somos?*

Así es. En realidad, estoy siempre en vosotros, pero a veces necesitáis una pequeña ayuda para entrar en contacto con esa inteligencia natural a través de la cual me expreso. Es una especie de red a la que te puedes conectar y que está por todas partes. Es como otro mundo que vive en paralelo con el vuestro y que colabora con el lenguaje sutil. La conexión con esa inteligencia, con esa memoria, la puede proporcionar el residuo energético histórico que queda en el propio lugar, un árbol, un río, el mar o una roca.

Tú, desde niño ya eras capaz de descubrir los lugares donde la expresión en forma de emanación energética era mayor, siempre has tenido facilidad para localizar templos naturales.

Nada de lo que ha ocurrido en tu vida ha sido por casualidad, iO. ¿Recuerdas cuando ibas con tu madre a la modista?

*iO se quedó pensativo al recibir las últimas palabras del dictado, mientras en su mente aparecían súbitamente las imágenes de un recuerdo lejano.*

*Cuando era niño solía acompañar a su madre a un pueblo situado apenas a cuatro kilómetros de distancia en el que vivía una costurera. A iO le encantaba acudir a aquel lugar, pues mientras su madre se ocupaba con aquella mujer, él se iba a jugar a un montículo rocoso situado en la parte más alta del pueblo.*

*La imaginación del niño se disparaba con facilidad en aquel paraje lleno de «rincones mágicos» moldeados por los recovecos formados por aquellas grandes estructuras de piedra. Su mente volaba libremente de aventura en aventura en aquel lugar que para él era tan especial.*

Una piedra, a simple vista, parece algo estático, pero no lo es: en su interior todo se mueve, cada elemento, cada molécula, cada partícula está donde tiene que estar y hace lo que tiene que hacer. Todo cumple una función, todo está en movimiento, todo está vivo. Las piedras están llenas de vida, incluso tienen una memoria activa. Esto, los egipcios ya lo sabían cuando construían sus templos.

Las piedras pueden estar impregnadas de mi inteligencia durante miles, millones de años y con tan solo estar cerca de ellas con la actitud adecuada, esa inteligencia puede ser transferida a las personas.

—*¿Y cuál debe ser esa actitud?*

La de un niño, sincero, inocente, puro. A partir de ahí tan solo necesitaréis permanecer en calma apagando la mente y encendiendo el corazón.

Hay lugares en los que hay grandes áreas de piedra enterradas bajo la tierra. Aunque estas no afloren a la superficie, esas zonas son muy especiales para vosotros y si sobre ellas han crecido árboles su poder es todavía mayor. ¿Te das cuenta de que el sol y el centro de la Tierra son muy parecidos?

—*¿A qué te refieres?*

El interior de la Tierra está formado por algo parecido a un pequeño sol, lleno de luz, que en muchos lugares ha brotado sobre la corteza terrestre convirtiéndose en rocas y montañas. Muchas de esas rocas, cuando se desprenden del bloque original, mantienen una parte de su energía y toda mi inteligencia.

El agua también tiene memoria, mi memoria. Es otra de las posibilidades que tengo de experimentarme, a través del mar, de los ríos, de los lagos, de las corrientes subterráneas. El agua es un contenedor de la vida, un generador de vida.

Para vosotros es más complicado encontrarme entre las paredes de una vivienda en una gran ciudad que en el campo, en un bosque, o en un parque lleno de árboles. En cualquiera de esos lugares mis manifestaciones son más claras.

Te noto cansado, iO, es hora de que te vayas a descansar.

*iO se quedó mirando el cuaderno con los ojos entreabiertos. Sentía los párpados pesados y, por más que intentaba recordar algo de lo que había escrito, su mente no le dejaba, se apagaba y se apagaba...*

# Capítulo 4

## PETER CONOCE
## LOS SECRETOS DE LA VIDA

Entrada la tarde, Peter se dirigió hacia el pub de su amigo caminando con paso ligero mientras su mente permanecía atrapada entre las páginas del libro que con tanto entusiasmo había comenzado a leer. Nada le distraía, nada le perturbaba, nada ni nadie llamaba su atención, ni siquiera las notas del viejo piano que ya comenzaban a resonar en la silenciosa calle de El Escocés. Solamente al atravesar la puerta del local, se percató de la presencia de Charles, quien, pese a que estaba tocando con los ojos cerrados, una vez apareció Peter los abrió repentinamente, como si hubiese adivinado su llegada. A continuación, tras un gesto de complicidad, los cerró de nuevo y continuó inmerso en su interpretación. Acto seguido, el joven dirigió la vista hacia su amigo Tomy, que observaba la escena desde el otro extremo de la barra a la vez que se apresuraba a servirle una pinta de cerveza.

—¡Vaya, Peter! Es como si el pianista te estuviera esperando.

—Casualidades, Tomy, eso son casualidades.

Apenas pasaron unos segundos, la conversación entre los dos amigos se vio interrumpida por la presencia de Charles.

—¡Hola, Peter! —saludó con la solemnidad que le caracterizaba— ¿De nuevo por aquí?

—Sí, claro, como siempre —respondió mientras por su cabeza pasaba de forma desordenada toda una la lista de cuestiones; sin embargo, algo le impedía abrir la boca por mucho que lo deseara.

—¿El señor tomará algo…? —preguntó Tomy con cierto aire jocoso.

—¡Por supuesto, querido amigo, lo de siempre! —contestó Charles con una sonrisa no menos irónica.

—¡Marchando ese vaso de agua!

—Y bien, Peter, ¿alguna duda sobre lo que has leído en el libro?

—¿Qué le hace pensar que ya he comenzado a leerlo? —contestó el joven, sorprendido por la pregunta.

—Cuando alguien tiene ese libro en sus manos no puede evitar leerlo. Como habrás percibido, sus páginas están dotadas de una fuerza especial; es como si se tratase de un «conector».

—¿Un conector?

—Sí. Cada vez que lees la información de sus páginas, entras en contacto con la inteligencia de la que proviene. En cuanto comienzas a leerlo, tienes la sensación de que lo que lees no es nuevo para ti. Es como si ya lo supieras pero no lo recordaras; es como si se activara «el recuerdo». Cuando eso ocurre inmediatamente empiezas a experimentar una sensación especial. Te llegarán ideas en paralelo, conocimientos e informaciones en forma de pensamientos que en muchos casos irán acompañados de sentimientos y emociones profundas. Entonces entenderás que el libro y su contenido se habrán convertido, además de en un conector, en un «catalizador» y una tras otra empezarán a desencadenarse casualidades en tu vida.

—Pero no creo que a todo el mundo le suceda lo mismo, Charles.

—Depende de la resistencia mental que opongan a lo que están leyendo, más tarde o más temprano comenzarán a ver y leer las señales en su entorno, en su acontecer diario. A partir de ahí empezarán a recordar y comprender.

—Pero no lo entiendo muy bien, Charles, ¿qué es lo que tienen que recordar y comprender?

—Quiénes son, Peter. Lo más importante de todo es saber quién eres. ¿Lo recuerda?

—Sí, claro, pero no lo acabo de entender. En realidad tan solo se trata de un libro, ¿cómo es posible que desencadene todo eso de lo que usted habla?

—Peter, no se imagina la cantidad de gente que tiene experiencias especiales al encontrarse con ciertos libros. Algunas personas se hacen preguntas sobre algo que les inquieta o no son capaces de resolver. De repente, entran en una librería, escogen un libro y lo abren al azar. Justo por la página que se abre, aparece un enunciado con la respuesta a su problema. Esa es precisamente una de las formas de manifestarse del lenguaje sutil.

—Y dígame, Charles, ¿quién ha escrito ese libro?

—Eso para usted es lo que menos importancia debe tener, pues quien haya prestado sus manos y su mente tan solo habrá servido de puente, de mensajero. Lo más importante es saber y entender que ese conocimiento es accesible, no es exclusivo de nadie, que esto es algo que ha venido sucediendo continuamente a lo largo de la historia de la humanidad y que su causa, su origen, siempre ha sido el mismo.

—Caramba, Charles, habla del libro como si fuera un ente.

—No exactamente, en realidad es una gran manifestación de la inteligencia.

—No entiendo, ¿cómo va a tener inteligencia si es un libro? Es algo inerte, no tiene vida, ni por supuesto cerebro.

—Permítame que le aclare que la inteligencia no está supeditada únicamente al cerebro. Una cosa es la inteligencia y otra el intelecto, no es lo mismo una manifestación inteligente que una manifestación intelectual.

—Eso me lo va a tener que explicar también.

—Es muy simple, querido amigo. Tan solo tiene que observar la naturaleza para darse cuenta de que todo lo que le rodea está impregnado de manifestaciones inteligentes. Fíjese en una flor: ¿se ha parado a pensar alguna vez en lo que hace para atraer a los insectos con la intención de ser polinizada y así perpetuar la especie?

—Pues la verdad es que no demasiado.

—Pues escuche atentamente. Las flores no solamente son capaces de diseñar unos pétalos con formas y colores espectaculares, además desprenden un néctar con una fragancia y un sabor característicos para conseguir que los insectos se posen en ellas. Conocen los gustos de los insectos y los utilizan para realizar una función. Eso es un acto muy inteligente.

—¡Caramba, es verdad! —exclamó Peter—. Nunca lo había visto así.

—Bien, pues ahora dígame: ¿acaso las rosas tienen cerebro?

—Pues… que yo sepa no. Al menos no como el nuestro.

—¿Y ojos, tienen ojos las rosas, nariz o boca para conocer los sabores y olores preferidos de las abejas u otros insectos?

—¡Guau! —exclamó Peter espontáneamente—. ¡Es cierto!

—Sin embargo, todo lo que hace una rosa es muy inteligente, no será intelectual porque no conocerá las cotizaciones de la bolsa de esta semana, pero todo lo que hace está rodeado de una inteligencia sublime. Fíjese en los árboles, tanto ellos como las plantas son capaces de convertir luz en materia orgánica a través de la fotosíntesis. Son, sin duda, los seres que mejor saben utilizar la luz, son auténticos «seres de luz». Todo cuanto son, las hojas, sus ramas, la madera, lo consiguen a partir de la luz. ¿No cree que es necesaria mucha inteligencia para conseguir madera a partir de la luz solar y de las sustancias que extraen de la tierra?

—¡Increíble todo lo que me cuenta, Charles!

—Piense en todo lo que le rodea y de lo que usted está hecho, piense en por qué la Tierra está orbitando de forma perfecta alrededor del sol. Si lo hiciera un poco más allá o un poco más acá de él, usted y yo no estaríamos aquí. Observe cómo en el universo cada cosa está en su sitio y, además, cumple una función, está ahí por algo y para algo. Medite sobre la perfección que reina en toda la naturaleza y en la inteligencia que subyace en ella.

Por un instante se hizo el silencio mientras Peter se frotaba la cabeza antes de exclamar:

—¡Claro, es eso! Ahora lo entiendo, tiene razón. Estamos acostumbrados a asociar la inteligencia al cerebro y pasamos por alto o nos cuesta ver todas esas manifestaciones inteligentes pese a que convivimos con ellas. Sin embargo, no acabo de entender en qué me puede ayudar todo esto para saber quién soy yo.

—Es posible que el primer paso sea aprender a identificar esa inteligencia inmanente que está en todo lo que existe y en usted mismo, en cada una de sus células, en sus órganos, en todo su cuerpo. Seguramente, sea un buen principio apreciar cómo se manifiesta esa inteligencia fuera y dentro de usted, aunque le advierto que el intelecto nunca podrá entender en su totalidad el origen del ser humano ya que dicho origen se encuentra en otro sistema.

—¿En otro sistema?

—Sí. Imagínese que nosotros vivimos en un sistema cerrado, dentro de un círculo, por ejemplo. Lo primero que tenemos que tener claro es que si estamos dentro de él, solo podemos observar una parte del mismo, nunca al completo. Solo podríamos ponderar la parte de la realidad que nos rodea y nuestro intelecto es capaz de interpretar. Para vislumbrar toda la realidad, el círculo al completo, tendríamos que separarnos de él, ¿correcto?

—Correcto.

—Ahora, imagínese que hay una inteligencia que desde fuera de nuestro sistema es capaz de producir efectos dentro de él, porque lo envuelve, lo contiene. No podríamos examinar el origen de esa inteligencia porque está fuera de nuestro sistema. Sin embargo, podríamos experimentar sus efectos, los que se producen dentro del círculo. ¿Me sigue, Peter...?

—No pienso en otra cosa.

—La mente quiere comprender todo lo que ve y está bien, es importante para la supervivencia, pero ese empeño se transforma en un velo que le impide apreciar las manifestaciones de la realidad. Quizá no sea tan importante tener todo el conocimiento sobre esa inteligencia que está fuera de nuestro alcance, quizá lo realmente importante sea vivirla, apreciarla, experimentarla.

—Estoy de acuerdo, Charles, continué por favor.

—La mayor parte de los seres humanos vivimos en un estado de ignorancia. No sabemos quiénes somos, no entendemos por qué el mundo es como es, ni por qué estamos aquí. Desconocemos de qué estamos hechos tanto nosotros como el mundo que nos rodea y no tenemos capacidad para apreciar esa inteligencia que hace que todo funcione con una perfección sublime. A eso me refiero cuando hablo de ignorancia. Cuando alguien empieza a interesarse por las preguntas que acabo de mencionar, es más fácil que empiece a saber «quién es y qué hace aquí».

—He de confesarle que cuando hablo con usted me siento bien, me da seguridad porque veo que lo tiene todo muy claro, pero a pesar de ello me cuesta mucho entender todo lo que dice.

—Poco a poco, Peter, lo está haciendo bien. ¿Ya ha comprendido lo que es el lenguaje sutil? —preguntó Charles mientras recogía su maletín.

—Sí —contestó Peter.

—De momento, lo más importante es que permanezca atento a las señales, que estas empiecen a formar parte de su vida para que usted se familiarice con ello, para que no sea algo extraño o excepcional, porque no lo es. Concéntrese en su naturaleza y en la naturaleza, no la contemple como algo ajeno a usted. Empiece a sentirse parte de ella y verá cómo enseguida reaccionará ante usted. A partir de ahí, podrá despertar tal y como lo hace una flor cada vez que sale el sol, abrirá su mente como ella abre sus pétalos y aprenderá a apreciar cómo se manifiesta ante usted el lenguaje sutil. Ponga atención a su vida y a la vida. Escuche a las personas que se acerquen para decirle algo, es posible que sean los portadores de una información trascendental para usted, aunque ellas lo ignoren. Permanezca atento a los mensajes que se le mostrarán a través de acontecimientos, en apariencia insignificantes, pero que formarán parte del lenguaje sobre la realidad de su vida. Le estoy hablando de algo en apariencia tan baladí como un anuncio que encuentra frente a su casa, la marca de un automóvil que frena ante usted o el título de un libro. Estas y otras cosas similares se comportarán como señales bajo la apariencia de casualidades. «Todo lo que es para usted le llegará a usted», aunque solo usted lo sabrá.

—¡Vaya, cuánta información! —exclamó Peter.

—Ahora tengo que dejarle. Continúe leyendo el libro; en sus páginas descubrirá todas las claves, le hará recordar mejor que yo y aprenderá todo lo que necesita saber. Él le despojará del velo de la ignorancia.

Charles dio un pequeño sorbo de agua y, sin mediar palabra, abandonó el local dejando a Peter apoyado en la barra de El Escocés, inmerso en su silencio. Tras unos instantes, se despidió de su amigo Tomy y se apresuró a regresar a su casa. Tenía prisa, mucha prisa por seguir leyendo, y así lo hizo.

Con la velocidad del rayo, se desvistió, se puso el pijama, se metió en la cama y buscó la página en la que había abandonado la lectura la última vez que había tenido el libro entre sus manos.

## EL LIBRO DE iO

*S*e acercaba el tiempo de la siembra y, como cada año iO se trasladaba a la ciudad para comprar semillas de cereales. Era importante que estas fueran de calidad, por lo que siempre acudía al mismo lugar al que había ido con su padre desde pequeño. Los dueños de aquel negocio lo conocían y le aconsejaban con sabiduría a la hora de hacer la elección.

iO y el anciano que regentaba el negocio elegían entre los distintos géneros de trigo, cebada, centeno o avena. El joven comprobaba la calidad del producto y dejaba hecho el encargo, que, al día siguiente, sería trasportado hasta su casa.

Aquel menester le llevaba casi una hora y era costumbre que después se tomaran un café mientras se contaban las vicisitudes de todo el año.

Una vez terminada la tarea, iO decidió dar un paseo por el centro de la ciudad. De repente, se quedó ensimismado al pasar frente al escaparate de una tienda de música y observar un pequeño instrumento de forma ovoide.

Los laterales estaban hechos de madera, con un parche similar al de una pandereta en cuyo centro se insertaba un taco de madera maciza. En la parte superior del mismo tenía fijadas unas lengüetas metálicas que aparentemente servían para producir las notas musicales. Tal instrumento parecía un híbrido entre una pandereta y una calimba.

Le sorprendió que el precio no fuera caro, por lo que no pudo aguantar la curiosidad y entró en la tienda a preguntar.

—Buenos días —le atendió una señora de mediana edad y rostro afable—, ¿en qué le puedo ayudar?

—Buenos días, ¿podría decirme cómo se llama ese instrumento? —preguntó iO mientras lo señalaba.

—No faltaba más, es una sansula. Produce un sonido muy agradable. Tengo un cliente que dice que es un llamador de ángeles porque emite, según él, sonidos celestiales.

—¿Y cómo se toca?

—¡Oh! —exclamó la buena mujer—. Es muy sencillo: se toma entre las dos manos y se pulsan las lengüetas con los pulgares. Lo puedes sostener en el aire o colocar sobre una superficie, en cuyo caso el sonido es más profundo. ¿Te gustaría probarlo?

—Pero yo no tengo ni idea de tocarlo...

—No te preocupes, lo importante de este instrumento no está en la habilidad que tengas o no con las manos, es un instrumento que ha de tocarse con el corazón.

La señora se dirigió hacia el escaparate decidida a hacer la primera venta del día.

—Aquí lo tienes, vamos, no le tengas miedo, inténtalo —insistió la mujer poniéndole la sansula entre las manos.

—Pero si no sé...

—Vamos, vamos, no pasa nada, no lo vas a romper.

iO se hizo con el instrumento y, tras unos instantes observándolo, se decidió a acariciar con sus pulgares las lengüetas de metal, produciendo las primeras notas.

—¡Vaya ! —exclamó el joven—. ¡Es increíble cómo se siente la vibración entre las manos. Y es cierto que el sonido es muy agradable!

—Ya se lo dije. ¡Siga siga...!, ¡toque, toque...!

De repente, como por arte de magia, surgió del artilugio una especie de secuencia musical muy agradable, tanto que ninguno pudo esconder su cara de sorpresa al escuchar aquella suerte de melodía que, poco a poco, se repetía e iba tomando forma.

—Vaya, parece que se le da bien. Cualquiera diría que es todo un experto. ¿Seguro que no había tocado nunca una sansula?

—No, jamás, le aseguro que es la primera vez en mi vida que tengo un instrumento así entre las manos, pero también le digo que no será la última porque pienso llevármelo ahora mismo. Así que tome este billete y cóbreme si es tan amable.

—Ya le dije que este es un instrumento que se toca con el corazón. Seguro que usted lo tiene muy grande y por eso ha compuesto algo tan bonito —afirmó la mujer mientras le devolvía las monedas correspondientes a iO, quien, tras guardarlas, salió disparado de la tienda, ansioso por regresar a su casa y disfrutar del capricho que se había concedido.

Nada más llegar al pueblo, se cambió de ropa, se puso algo más cómodo, metió la sansula en el zurrón y tomó el camino de la granja. Sentía la necesidad de acudir a los dólmenes para estrenar su regalo.

Una vez allí, se sentó encima de su piedra favorita y cogió el instrumento entre sus manos con la misma ilusión que un niño descubre un regalo.

Apenas había empezado a acariciarlo, cuando apareció en su mente la imagen de aquella mujer explicándole que lo más importante era tocar la sansula con el corazón. iO sintió un impulso repentino que le incitó a llevarse el instrumento al pecho.

Pronto empezaron a surgir notas y melodías que inundaban lo más profundo de su cuerpo, haciéndolo sentir de una manera sublime.

Se pasó más de una hora entretenido con su regalo, inspirado por las melodías que una y otra vez surgían de la nada. No cesaba de hacerlo sonar hasta que en un momento se quedó anclado, como si fuera un barco varado sobre un mar en calma. Fue entonces cuando se sintió conectado a *todo lo que le rodeaba, a la piedra, al aire, a la tierra y a aquel árbol, que, aunque algo alejado, se alzaba majestuoso y sereno.*

*Sin tratarse de un trance ni de un arrebato místico, sin aspavientos extraños ni movimientos raros, tan solo sintiendo su cuerpo un poco más pesado como si estuviera hecho de la misma piedra sobre la que estaba sentado. Así, sin esperarlo, sin buscarlo, una vez más se advirtió pensado, se sintió abrazado, se apreció vivido y de nuevo escuchó sin oír:*

¡iO, escribe, escribe!

Hoy tengo que darte un conocimiento esencial para que empieces a recordar quién eres.

## El eterno infinito

Lo real no es lo qué veis, lo que oís, lo que tocáis. La vida y vuestro universo físico son un reflejo, una proyección de la realidad. Lo real es lo eterno, lo infinito, lo que está más allá de vuestro universo físico. Es lo que podríamos llamar «el universo trascendental».

*En lo real nunca empezó nada,*

*jamás nada acabó,*

*todo existió siempre*

*en un eterno infinito*

Es muy importante que comprendáis esto que acabo de explicarte. Aparentemente, lo normal es que todo tenga un principio y un final, pero eso solo sucede en el universo físico. En lo eterno, en lo real no hay medidas, porque no hay espacios, ni hay tiempos.

En el universo trascendental todo ha existido siempre, todas las experiencias ya están creadas.

La muerte no existe. No podéis dejar de ser, de existir. Antes de nacer ya erais vosotros, ya existíais, y cuando decís que morís en realidad tan solo os desprendéis del cuerpo y la mente, pero vosotros no podéis dejar de existir, vuestra esencia pertenece a lo real, es eterna, infinita.

## La vida es la cámara lenta de la eternidad

A través de la vida se crea la experiencia del tiempo y el espacio. Vivir la experiencia de la vida es como ralentizar la eternidad, como condensar el infinito. Es una forma más de experimentaros, de experimentarme.

—*¿Has dicho de experimentarnos?*

Sí, eso he dicho.

—*¿Te refieres a nosotros, las personas?*

Me refiero a vosotros y a mí.

—*¿Podrías explicármelo?*

Claro, para eso estás aquí, para recordar «quién eres tú y que haces aquí», para entender quiénes sois y qué hacéis aquí, para entender el sentido de tu vida y de todas las vidas, para comprender los misterios que siempre han acechado tu mente, vuestras mentes.

## Las otras partes de ti

### La conciencia individual

Antes de nacer en la vida como una persona, tú ya existías en el universo trascendental. Ya eras tú.

—*¿Cómo iba a existir si no había nacido?*

Porque tú no eres lo que crees que eres. Eso es tan solo una proyección de otra parte de ti que no puedes ver: tu conciencia.

—¿*Mi conciencia?*

Exacto, la parte de ti que está más cerca de mí en lo real, en lo eterno, en lo infinito.

Soy la conciencia del todo. Puedo experimentarme como una conciencia individual o como el todo.

—*Disculpa mi ignorancia, pero me cuesta entender por qué haces eso.*

Se podría decir que es una forma de reconocerme. Al separarme de mí mismo puedo contemplarme. Es como si extrajeras una gota de mar para que esta pudiera observar la inmensidad del mismo desde la perspectiva que le otorga la separación.

Dividirme en conciencias individuales me permite contemplarme desde ellas como el todo, siendo consciente además de ambas posiciones, la de las partes y la del todo.

—*La explicación me ha ayudado, pero he de confesarte que me cuesta entenderlo.*

Es lógico, cualquier explicación que te dé será una mera adaptación para que tu mente intente comprender algo que es incognoscible para ella, pero hasta eso forma parte de la experiencia.

—*Lo comprendo. Continuemos, por favor. ¿Qué tiene que ver la conciencia individual conmigo, con nosotros, las personas?*

Cada conciencia individual puede experimentarse de infinitas maneras. En realidad, como te dije hace un momento, todas las experiencias ya están creadas. La vida es una más. Gracias a ti, a tu vida, tu conciencia puede experimentar el espacio y el tiempo. Comprenderás que para ella, que habita en la eternidad y en lo infinito, la vida es una experiencia única; gracias a la cual puede reconocerse, saber que ella es ella y no otra conciencia.

—¿*Por qué?*

Porque en realidad es como si la conciencia individual generara un reflejo de sí misma, como si se mirara en un espejo.

—*¿Y cómo lo hace, cómo pasa de ser una conciencia a experimentarse en una vida?*

La conciencia necesita un estado intermedio que ponga en contacto el universo trascendental con el físico, que le permita transmutarse en la vida de una persona, y para ello utiliza el alma. El alma es el espejo, la superficie en la que se refleja la conciencia.

—*Ya lo comprendo. Entonces la conciencia es la imagen real; el alma, el espejo en el que se mira; y la vida de la persona, la imagen reflejada.*

*Todo lo que me cuentas es muy bello, muy reconfortante, a la vez que desconocido para mí. Siempre había oído hablar del alma y del cielo, pero ignoraba que tuviéramos una conciencia. ¿Puedo seguir preguntando?*

Por supuesto.

—*¿Cómo creaste las almas?*

## El alma

No creé nada. Ya te he dicho que todo estaba hecho, que todo ha estado hecho siempre. El todo es inamovible, así de simple. Ya sé que desde ahí es lo que más cuesta entender, pero es lo más importante para poder acceder a un atisbo de lucidez sobre el universo trascendental.

Las almas siempre han estado creadas. Lo único que se puede decir que puse en marcha fue la ilusión del tiempo. Solo desde una mente como la vuestra se puede experimentar la vida de forma tan intensa como lo hacéis vosotros. Por eso la experiencia de la vida es única. Es una especie de ilusión, de ensueño. No es real, pero es maravillosa.

Para una alma experimentar el tiempo es algo único, aunque desde la eternidad dura menos que un instante.

El pasado no existe como tal, realmente está ocurriendo en este momento. Tus infinitos pasados están todos creados, todas las posibilidades siempre estuvieron y están sucediendo en el mismo instante. Es tu mente, a través de las «elecciones», la que las ordena secuencialmente para crear la ilusión.

*iO dejó de escribir por unos instantes a la vez que una serie de cuestiones irrumpían en su mente. Cuando esto ocurría el silencio se hacía en su interior a la espera de que el joven acabara con sus reflexiones y elucubraciones.*

¿Por qué no me lo preguntas a mí y acabamos antes, acaso tienes miedo? No temas, iO, no te vas a equivocar, ¿qué quieres saber?

—*¿Cómo es el alma, cómo se puede definir algo tan indescriptible para la mente del ser humano? Creo que es necesario que haya una forma de explicarlo para ayudar a su comprensión.*

Es lógico que quieras saberlo todo sobre las almas, es el paso anterior y el siguiente a tu estado actual. Son el vehículo que utiliza la conciencia para experimentarse en la vida. Ellas también buscan reconocerse y experimentarse, y tienen su propio universo: el universo de las almas, el reino de los cielos, el nirvana, como lo quieras llamar.

Las almas son como los recipientes de la experiencia de la vida y sirven para alimentar la conciencia individual. Se utilizan para albergar la vida. Una vez vivida, toda la experiencia acumulada ha de ser depositada en la conciencia individual.

El alma es una especie de cuerpo de luz, de otra luz, con cierta densidad energética, la justa para estar pegada al cuerpo físico y extraer todo el conocimiento que origina la experiencia de la vida, todas las emociones que se fabrican en el cuerpo y todos los pensamientos que genera la mente. Su función es recoger toda la experiencia desde el momento de la fecundación hasta el último halo de vida y traspasársela a la conciencia.

## *La vida*

Como ya te he dicho, «la vida es la cámara lenta de la eternidad», y esa experiencia es un privilegio para cualquier alma, viva la experiencia que viva durante la vida de una persona, cuando regresa tras su muerte, lo hace cargada de consciencia sobre la eternidad y la vida, pues se ha experimentado en ambas.

—*¿Entonces yo soy una conciencia?*

Sí, lo eres

—*Y entiendo que también tengo un alma...*

Sí, la tienes. Tal y como acabo de decirte, el alma es utilizada por tu conciencia para experimentarse en tu vida.

—*¿Y tú contienes todas las conciencias individuales y te experimentas en todas ellas?*

Así es, soy la conciencia del todo cuando me sitúo en esa posición, pero también soy tú cuando estoy en la tuya.

Cada conciencia individual existente es una parte individual de mí que habita en el universo de las conciencias.

Cada alma es una experiencia individual de cada conciencia individual que habita en el universo de las almas.

Cada vida, cada persona es una experiencia material de cada alma en el universo físico.

—*¿Y en este último es en el que yo me encuentro en este momento?*

En realidad sería más correcto decir que te encuentras en los tres universos, puesto que tú eres una persona en la vida, un alma y una conciencia, aunque hasta ahora solo eras consciente de tu presencia en el universo físico.

*iO respiró profundamente e hizo una pausa en el dictado mientras pensaba en las últimas frases que había escrito.*

—*Creo que lo comprendo todo, pero he de decirte que me cuesta encontrarle un sentido.*

Es que no hay solo un sentido.

—*¿Quieres decir que hay más de uno?*

Sí, los hay.

—*¿Cuántos?*

Infinitos.

—*Pero acabas de explicarme lo que entiendo que son varios aspectos de ti: la conciencia del todo, la conciencia individual, el alma y la vida.*

Es cierto.

—*¿Entonces?*

Esos tan solo son los aspectos de mí que tienen que ver con «quién eres tú y qué haces aquí». Eso es lo más importante para ti en este momento, que comprendas quién eres tú.

—*¿Y quién soy yo?*

*Tú*
*eres*
*una vida,*
*un alma,*
*una conciencia,*
# tú eres el todo

¿Lo has comprendido?

—*Creo que sí, pero incluso entendiendo todo lo que acabas de explicar, no alcanzo a comprender el sentido de la vida, de mi vida, ¿podrías ayudarme?*

Claro, hablaremos de «la separación».

—*¿La separación de qué?*

De mí.

—*¿De ti?*

Sí, de mí. Asimilar esta cuestión te ayudará mucho a entender por qué y para qué se experimenta la vida.

## El sentido de la vida y la separación

El estado natural de la conciencia individual y del alma es la unión conmigo, con el todo. Sin embargo, ambas necesitan experimentar la separación; de lo contrario, no podrían apreciar la unión.

Una de las funciones de la mente humana es colaborar en la experimentación de esa separación de mí haciendo que una persona que nace y crece en la vida no recuerde quién es, ni sea consciente de su origen. El intelecto se comporta como una especie de prisión. Es la limitación de vuestra capacidad de razonamiento lo que os hace sentiros pequeños, esa es la función esencial de la mente, separaros de mí; y la cumple a la perfección. Es la gran prueba a la que todos habéis decidido someteros aceptando nacer y vivir vuestras vidas gobernados por vuestra mente.

Cualquier animal, cualquier árbol o planta y, por supuesto, cualquier mineral tienen más conciencia de mí que los seres humanos. Los animales, las plantas y los minerales no se sienten separados de mí. Solo los seres humanos tenéis esa sensación de separación.

Vuestros antecesores se sentían más unidos a mí que vosotros. A medida que el cerebro evolucionaba, se fue creando la experiencia de la separación.

Un recién nacido se siente unido a mí hasta que su cerebro empieza a crecer.

Cuanto menos natural es vuestro estilo de vida, cuantas más acciones realicéis en contra de la naturaleza y de vuestra naturaleza, más separados estaréis de mí. Cuanto más natural sea vuestra forma de vivir, más unidos os sentiréis a mí. El mayor culto que me podéis rendir es cuidar de vuestra naturaleza, empezando por vuestro cuerpo.

La mayoría de las enfermedades que padecéis tienen que ver con las sustancias tóxicas que ingerís y con los alimentos que consumís. Esto lo hacéis cada día, hasta que conseguís enfermar y la base de todo es la elección. Elegís fumar, beber, drogaros o envenenaros con la alimentación.

—*Pero no entiendo por qué lo permites.*

Porque no impongo nada, sois vosotros los que elegís. Tenéis libertad para ello, sois libres de elegir aquello que queréis experimentar. Ya lo sabes.

—*¿Pero tú has creado esa experiencia?*

Todas las situaciones están creadas, y vosotros las elegís. Se os permite hacer la elección, y cuando cambiáis de elección y lo hacéis con el corazón, se os ayuda; entonces experimentáis la unión.

La vida es una especie de caldo de cultivo perfecto para experimentar la unión o la separación de mí. El amor y el odio, el placer y el dolor, la calma y la ira, la salud y la enfermedad, la felicidad y la tristeza y otros muchos aspectos contrapuestos. Cada una de esas experiencias no pueden existir sin la antagónica y envolviéndolas a todas, las dos más extremas, nacer en la vida y dejar de estar en ella. Desde que una persona es consciente de que ha nacido en la vida, también lo es de que algún día dejara de estar en ella.

—*¿Me estás hablando de vivir y morir?*

Si lo quieres llamar así, sí.

—*Tengo la impresión de que te cuesta pronunciar la palabra «muerte», nunca hablas de morir.*

No es cuestión de que me cueste o no, es que no tiene mucho sentido que te hable de morir. Desde mi perspectiva la muerte no existe. ¿Lo entiendes?

—*Claro, «el eterno infinito», tú eres eso.*

Y tú también, no lo olvides.

—*¿Y está mal que utilicemos la palabra morir?*

Nada está bien o mal, todo forma parte de la experiencia. Esa palabra cumple una función, su significado ayuda a separar a la gente de mí, de lo eterno, de lo infinito. Sí has entendido quién eres, comprenderás que no puedes dejar de existir.

—*Cierto, pero hay alguna palabra que nos ayude a no sentirnos tan separados cuando nos referimos a ese aspecto.*

Hay muchas.

—*¿Me podrías decir alguna?*

Transmutar.

—*Entonces el sentido de la vida es vivir la separación. Según lo cuentas, no parece muy apetecible la experiencia.*

Depende del plano en el que te sitúes. Desde el plano de la vida puede resultar poco deseable en determinadas circunstancias en las que no entendéis lo que os pasa, pero desde el plano del alma o la conciencia se considera un privilegio nacer y vivir la experiencia de la separación, es la forma más eficaz de apreciar la unión.

No tendría mucho sentido que un alma que quisiera experimentar la separación naciera con total lucidez, con todo el conocimiento sobre mí, sobre ella; para eso elegiría otra experiencia.

—*¿Y eso es posible?*

Por supuesto. Ya está creada la experiencia de vivir la vida en total unión conmigo y tú estás contribuyendo a crear esa elección desde que aceptaste ser el receptor de mis dictados, al igual que toda la gente que los lea y le hablen de ellos a otras personas.

—*No entiendo a qué te refieres con eso, yo no le he contado a nadie lo que me está sucediendo, ¿acaso tengo que hacer algo con los dictados para que alguien los lea?*

No, ya está hecho. Ya los están leyendo en este mismo instante.

—*Eso tampoco lo comprendo.*

Tranquilo, lo entenderás cuando llegue el momento. Ahora, lo importante es que comprendas que la experiencia de vivir la unión permanente conmigo es algo que sucederá en el futuro. Los que han elegido vivir en este momento no han optado por experimentar la unión permanente conmigo, lo que han elegido es ayudar a crear esa experiencia.

—*¿A crear esa experiencia?, ¿cómo?*

Tanto tú como todos los que lean mis dictados habréis contribuido a despertar de la ignorancia a todas las almas que desconocían la existencia de la conciencia individual. Este es el paso previo para experimentar la unión permanente y total conmigo, la integración en la conciencia del todo. No todas las almas son conscientes de que han sido creadas para que la conciencia individual, a la cual pertenecen, se experimente a través de la vida de una persona que nace, vive y muere en la Tierra.

Cuando las personas que hayan recibido la información que te estoy dando abandonen la vida terrenal y sus almas regresen al universo trascendental lo harán cargadas de conocimiento y lucidez. Sabrán que más allá del universo de las almas existe un universo de las conciencias y a partir de ahora habitarán en él. Cada alma se unirá a su conciencia.

—*Pero esa es una gran noticia para la humanidad.*

Y para la eternidad…

—*Por lo que entiendo, estamos viviendo un momento excepcional.*

Cierto, lo es. Todos los vivientes que habitan en este momento en la Tierra tienen la oportunidad de cooperar para que se produzca un salto cualitativo en la evolución de los seres humanos y la experimentación en el alma y la conciencia.

—*Pero supongo que no todos pueden tener la misma relación que tengo contigo.*

Por supuesto que pueden, de hecho todo el mundo la tiene.

—*¿Todo el mundo?*

Sí. Me manifiesto una y otra vez delante de todos los vivientes a través del lenguaje sutil, pero solo unos pocos reaccionan. A todos les hablo desde su interior cada día y también me manifiesto en el exterior, pero solo algunos me ven o me escuchan. Muy excepcionalmente aceptan dialogar conmigo en determinados momentos y cuando lo hacen casi nunca aceptan que se trata de mí.

—*Perdóname, ¿pero lo que dices no suena un poco a reproche?*

No hago reproches, no juzgo, tú preguntas y te respondo, llevo un rato haciéndote entender en qué consiste la experiencia de la separación.

La mente cumple su función, hacer que os sintáis separados mí.

*Ahora me ha quedado mucho más claro. Siempre estás ahí, manifestándote en todo momento ante nosotros y hablándonos como me hablas a mí. Pero me cuesta creer que la forma que tienes de comunicarte conmigo sea normal y esté al alcance de cualquiera. A mí mismo me está costando mucho aceptar lo que me está pasando pese a todas las evidencias.*

Por supuesto que está al alcance de cualquiera. Es menos excepcional de lo que crees. ¿Acaso en nuestra relación hay fenómenos sobrenaturales o paranormales?

—*¡No! En absoluto, no los hay.*

Todo lo que estás experimentando sucede en tu cuerpo, en tu entorno, en las plantas, en las nubes, en la naturaleza que te rodea y en tu propia naturaleza, tu cuerpo.

—*Sí, tienes razón, ¿pero de dónde sale todo lo que me dictas, ¿eso tampoco es sobrenatural?*

Dime cómo te sientes ahora mismo.

—*Muy tranquilo.*

¿Dirías que estás en cierto estado de trance místico, te sientes un médium o sufres algún tipo de alteración mental?

—*No, en absoluto. Me siento en calma, siempre que tenemos esta relación me siento en calma. En realidad, es una sensación muy agradable.*

¿Entonces qué hay de sobrenatural en ello?

—*Pues el hecho de que me hables.*

¿Oyes voces?

—*No.*

¿Entonces?

—*Recibo información.*

¿Pero no oyes nada?

—*¿No, pero de dónde sale la información?*

De ti.

—*¿De mí?*

Sí, de ti, de tu interior. Pero este interior del que te hablo tiene más que ver con tus células, con tu energía, con la energía que te envuelve y con la luz del sol cuando penetra en tu cuerpo, que con ninguna concepción mística o sobrenatural que tu mente pueda construir sobre mí. Esa es la función de la mente: hacer que os sintáis separados de mí, ¿lo comprendes? Pero también está diseñada para que traduzca las informaciones que te doy al lenguaje, a tu lenguaje, incluso en tu idioma. La información está en tu cuerpo, en la naturaleza que te rodea, en la energía que la sostiene. Toda la información está dentro y fuera de ti, dentro de tu organismo y en el universo físico que lo rodea.

## La información está en todo, la información es el todo

—*Pero y todo ese conocimiento que me das, ¿tampoco es místico ni sobrenatural?*

Es una forma de que entendáis conceptualmente «quiénes sois y qué hacéis aquí».

Vuestra mente necesita códigos de información para saciar su necesidad de entenderlo todo, necesita ponerle palabras a todo para comprenderlo.

El conocimiento que te doy es una forma sencilla de explicar aquello que es inexplicable, de acercaros al conocimiento de lo incognoscible. Es una manera de facilitar que vuestra mente tenga la comprensión más cercana que puede llegar a tener de la verdadera realidad.

—*¿Pero no es todo un contrasentido? Por lo que dices, el alma y la conciencia eligen separarse de ti, nacer como una persona y a través de la mente experimentar la* *separación. Sin embargo, tú no acabas de desaparecer: por lo que cuentas, siempre estás ahí.*

Tu razonamiento es muy acertado e imprescindible para llegar al fondo de la cuestión.

Lo primero que tienes que comprender es que no puedo no estar, pues formo parte de la experiencia. En la medida en que soy el todo, soy el alma, soy la conciencia y también soy vosotros. Por otro lado, para que sea posible la experiencia de la separación de mí, tiene que existir también la de la unión conmigo, lo cual hace imprescindible que durante la vida de una persona, esta, contemple al menos la posibilidad de mi existencia.

—*Ya lo entiendo. Por eso no te manifiestas de forma evidente ante todo el mundo, porque si lo hicieras perdería sentido la experiencia para la conciencia, para el alma. Es la duda sobre tu existencia la que nos permite pasar de la unión contigo a la separación una y otra vez.*

*Es esa duda que persiste en nuestra mente y el grado de abandono o desamparo lo que hace que la experiencia sea posible.*

Eso es muy acertado. La duda es la consecuencia mental, pero lo que hace que la experiencia de la separación se sienta como algo real son las manifestaciones que se producen en el cuerpo. Eso es lo que hace que sea imprescindible nacer en la vida y vivir dentro de un cuerpo para que la experiencia de la separación sea efectiva.

—*No sé a qué te refieres.*

Estoy aludiendo a las emociones. Las manifestaciones que se producen en el cuerpo fruto de los pensamientos que genera la mente. Si tenéis pensamientos de miedo, vuestro cuerpo reacciona, sentís miedo; y si tenéis pensamientos de amor, también lo hace.

La conciencia no tiene cuerpo, no puede sentir nada, por eso la experiencia de vivir una vida es única para ella y para el alma.

Todo lo que sucede en vuestras vidas se mueve entre dos polos, el del amor y el del miedo. El miedo activa vuestra parte más animal y el amor la trascendental. Tanto uno como el otro hacen que vuestro cuerpo reaccione y experimentéis todo un universo de emociones que se mueven de un extremo al otro, del cariño al odio, de la placer al dolor, de la ira a la calma. Todas estas emociones y muchas más influyen en que experimentéis además la salud o la enfermedad.

—*Entendido. Todo es una especie de caldo de cultivo ideal para experimentar la unión o la separación. Todo está diseñado para que mientras cada uno vivimos nuestra vida nos sintamos unidos y separados de ti, pero me pregunto si es posible experimentar la unión contigo de forma más sencilla, ¿la hay?*

Por supuesto.

—*¿Por ejemplo?*

## Un regalo de corazón

Disfrutando de las cosas más esenciales: una buena conversación, un acontecimiento gracioso, un desconocido que te da los buenos días al coincidir contigo en un ascensor, cualquier cosa que tc haga sentir realmente bien. En esos momentos de paz, calma o alegría es cuando más unidos estáis a mí. No hace falta mucho más, tan solo ser conscientes de ello.

A veces os emocionáis con una escena de una película, o al recibir una noticia sobre algo o alguien que os hace llorar de alegría. Ahí os fundís conmigo, al igual que cuando reaccionáis ante la desgracia ajena y os precipitáis ofreciendo vuestra ayuda. Todo esto son muestras de vuestra esencia, eso es lo que realmente sois vosotros.

Cuando estáis tranquilos estáis más cerca de lo que es el estado natural de vuestra alma, de vuestra conciencia, de mí. Puedes observarlo en la naturaleza. Contempla a un perro recostado junto a su amo, a un gato sentado detrás de una ventana, a una vaca pastando en el campo. Su estado natural es la calma, solo se alteran cuando se sienten atacados, pero esa es una reacción ocasional y momentánea. Todos ellos se sienten muy unidos a mí.

Contemplad la perfección de una flor, la solidez de una roca, las hojas de un árbol agitadas por el viento, la majestuosidad del mar o la inmensidad del universo, y me estaréis contemplando a mí.

La contemplación de la creación es otra forma de sentiros unidos a mí, porque en sí misma encierra otro de los sentidos de la vida: contemplar la belleza de todo cuanto os rodea.

Ya sé que lo habéis oído muchas veces, pero esta es una verdad esencial:

*El amor*

*os*

*une a mí,*

*la ira*

*os*

*separa de mí*

Cada vez que os enamoráis, cada vez que amáis algo o a alguien os sentís más cerca de mí, más cerca de vosotros, pero has de entender que nada de esto podríais experimentarlo sin haber conocido la ausencia de ello, sin haber vivido la separación.

Los sentimientos puros, como el amor, también nacen del corazón. Este es el primer músculo que trasvasa una parte de su energía directamente a la sangre para repartirla por todo el cuerpo. Se trata de una explosión de energía que afecta al pecho y se reparte a cada célula.

El sentimiento de amor se produce por la conexión directa con nuestra alma u otras almas y se expresa a través del corazón. Las manos y el corazón conectan las almas de las personas.

—*¿Quieres decir que podemos establecer una conexión entre almas utilizando nuestras manos?*

Sí, eso he dicho.

Alguien que tiene amor puede trasvasar y traspasar ese amor a otra persona que no lo siente. El sentimiento basado en el amor que nace de la expresión en el corazón es la comunión con el alma.

*Cada vez que intercambiáis*
*con otra persona las manos en el corazón,*
*a la vez que generáis un sentimiento de amor,*
*se produce una trasfusión de energía*
*de vuestra alma a su cuerpo.*
*Es la forma de conectar*
*las almas entre las*
*personas. Las*
*almas son*
*mis ma*
*no*
*s*

Otra forma de conectar a las almas entre sí, es cuando una persona que ya ha despertado en el alma le toma las manos a otra que todavía no lo ha hecho. Esta es una manera de ayudar a despertar. El hilo conductor es el amor y el corazón es el transformador, el gran catalizador.

## Las otras vidas

Un alma recoge la experiencia de una vida y una conciencia la experiencia de muchas almas. Cuantas más almas crezcan a través de la experiencia de la vida, más evoluciona la conciencia.

—*¿Estás queriendo decir que una conciencia se puede experimentar en más de un alma?*

Sí, eso es lo que he dicho. Aunque también está creada la experiencia de una conciencia que se experimenta de forma única, a través de un solo alma; eso sí, contando con la ayuda de muchas otras almas en la experiencia.

iO *se quedó pensativo de nuevo con la mirada perdida en ninguna parte. Una nueva cuestión volvía a rondar en su mente.*

Vuelvo a saber lo que estás pensando. Por qué no dejas de darle vueltas y me lo preguntas.

—*¿Siempre lo sabes, siempre estás pendiente de mí?*

Sí, de ti y de todos.

—*La reencarnación. No puedo evitar ligar lo que has dicho de que una conciencia puede experimentarse en muchas almas. Si es así, entiendo que también se experimenta en muchas vidas.*

Cada alma se experimenta en una vida, una alma una vida. Un alma no se reencarna en varias vidas, es la conciencia la que puede experimentarse en diferentes almas y cada una de ellas nacer como personas diferentes en distintos momentos históricos o en el mismo.

La confusión viene porque hay personas que viven la experiencia de obtener informaciones sobre otras vidas en las que se está experimentando su conciencia. Hay que tener en cuenta que esa experimentación de la conciencia en varias vidas en el plano de lo real, del eterno infinito, sucede a la vez. Sin embargo, vosotros lo experimentáis bajo el velo de la ilusión del tiempo. Si lo contemplas así, no debería considerarse que la conciencia se reencarna una y otra vez sino que se experimenta muchas veces encarnándose en diferentes vidas. Para ella todo sucede a la vez, para vosotros a lo largo del tiempo.

—*No es fácil de comprender lo que me explicas.*

Lo sé.

Piensa en una conciencia que elige experimentarse en la vida en cuatro personas. Para que la experiencia sea posible han de prestarse a ello cuatro almas diferentes, a las que podríamos denominar A, B, C y D. El alma A se experimenta en un hombre que nace en Japón hace más de dos mil años, el alma B lo hace naciendo como mujer en Europa en la edad media, el alma C elige nacer hombre en un poblado indio en la época de la colonización de las Américas, y el alma D nace como mujer y vive en el momento actual en la ciudad de Roma.

Imagina además que se ha creado la experiencia de que el alma D en determinados momentos de su vida tenga cierto acceso a su conciencia recibiendo informaciones sobre las diferentes vidas en las que dicha conciencia se ha experimentado o se esté experimentando.

—*¿Es eso posible?*

Sí, es una experiencia que han tenido y tienen muchas personas. Todas aseguran que les asisten recuerdos de vidas pasadas y eso les hace pensar que han tenido diferentes reencarnaciones, pero en esencia se trata de informaciones sobre las diferentes vidas en las que su conciencia se ha encarnado con almas y en personas diferentes.

—Entendido.

Ahora es importante que prestes atención al siguiente conocimiento que te voy a dar.

## La importancia de lo esencial: Las cuatro esencias

### Primera esencia:
### La energía

La primera esencia es la energía inmanente que subyace en todo, que lo inunda todo, que modela y construye vuestro universo, que os sostiene a cada uno de vosotros. La energía es la esencia de la creación, es la esencia de la vida.

## La energía es la conciencia en movimiento, mi conciencia en movimiento

La energía tiene una función, la comunicación entre el universo físico, lo comunica todo, os comunica conmigo. Me hago real para vosotros a través de la energía, me manifiesto en todo y en todos a través de ella. Podéis verme, tocarme y sentirme a través de la energía.

Si sentís vuestra energía, también podéis sentirme a mí.

### Segunda esencia:
### La luz del alma

La luz es la esencia del alma. La forma más directa que tengo de llegar a vosotros es a través de la luz del sol y de las estrellas. Además, hay otra luz, la luz que envuelve a la luz física, con la que se crea el universo de las almas y a las propias almas; a esta luz la podríamos llamar «luz trascendental». Es otra forma de energía, es la que modela vuestro universo.

La luz física es una **emanación**

**de** la luz trascendental

El alma es como un molde hecho de luz trascendental del cual surge la energía del cuerpo, es como el negativo del cuerpo. Con la luz trascendental se crean los moldes y el universo de los moldes. En el mundo real el molde siempre permanece aunque desaparezca el cuerpo.

—*¿Te refieres al lugar al que vamos después de morir, lo que conocemos como cielo, nirvana...?*

Sí, el mismo lugar en el que también habitáis antes de nacer en la vida, el universo de las almas, desde el que elegís las circunstancias y las personas con las que compartiréis esa vida.

### *Tercera esencia:*
*La conciencia individual*

La conciencia individual es la esencia que envuelve al alma.

—*No lo entiendo: si es una esencia, ¿cómo puede envolver al alma?*

En la verdadera realidad todo funciona al revés que en el universo físico.

Lo menos denso **contiene** a lo más denso

La conciencia ya no es energía, es esencia pura. La sustancia de la conciencia es la nada y cuando no hay conciencia hay nada.

A través de vuestra energía y la luz del alma, podéis tener acceso a la esencia de vuestra conciencia, la parte más real de vuestra existencia. Vuestra alma es la llave de acceso a la conciencia, a la eternidad.

El universo físico es un reflejo del «eterno infinito», en este no existe espacio ni tiempo. Os cuesta verlo porque en él todo es al revés, lo esencial envuelve a las partes, por eso la conciencia individual envuelve al alma y a la vida.

La conciencia individual es una esencia pura, es pura esencia. La base de la conciencia es «la consciencia», el ser consciente de que ella es ella y no otra conciencia. No tiene energía, tan solo la sostiene el hecho de saber que ella es ella, que «ella es». En el mundo real lo esencial envuelve a las partes.

### Cuarta esencia:
## *La nada*

Soy la conciencia del todo, la esencia que envuelve a vuestra conciencia y no puedo no serlo, ni no estar en todo lo que existe.

El estado natural de todo lo creado y lo no creado, de lo manifestado y lo no manifestado, de lo visible y lo invisible es la inteligencia inmanente, mi inteligencia inmanente. Siempre he estado, nunca no he sido, por eso no he tenido ni principio ni final.

—*¿Y dónde estás tú?*

En el universo físico me manifiesto a través de la inteligencia natural inmanente que hay en todo lo que os rodea, en todo lo que os sostiene, todo lo que hay fuera y dentro de vosotros. En esencia es muy fácil, me condenso más o menos para formar todo lo que existe. Tiene que ver con la energía.

De la misma forma que se puede descomponer la materia, la energía también se descompone y al final se llega a la nada, ahí es donde mejor me muevo. No hay tiempo, no hay espacio, no hay nada.

## La nada es la esencia del todo

La nada es el puente hacia el universo trascendental, es lo único que lo envuelve todo, que lo rodea y conecta todo. Esa es mi esencia, por eso soy incognoscible.

Estoy en todo lo que existe y lo que no existe. Soy lo que soy y lo que no soy.

No puedes conocerme desde la materia, ni siquiera desde la energía, pero me puedes vivir, experimentar a través de ambas, a través de la vida.

El alma es el contenedor del cuerpo y la mente. La conciencia individual es el contenedor del alma. La conciencia del todo es el contenedor de las conciencias individuales. La nada es el contenedor del todo.

*Tras las últimas palabras, iO percibió que el dictado había terminado, pero antes de irse decidió ponerle poesía al conocimiento que se le había dado. No dudó, no esperó, apagó su mente, encendió su corazón y escribió:*

## *Al perfume de lo eterno*

*Hoy he sabido    que soy un perfume,
por fin he adivinado    cuán dormido estuve,
me lo susurró la piedra sobre la que estaba sentado,
mientras oía el canto de un mirlo enamorado. Hoy
dejé caer el velo de la ignorancia, al respirar lo
eterno y su fragancia. Miré hacia dentro y me
vi, sostuve el aliento y me sentí. Me sentí a
mí, te sentí a ti. Hoy he sabido que soy
un perfume, elaborado con mis esencias,
mezclado con mis vivencias. Hoy he
sabido que soy mi vida, que soy mi
alma, mi conciencia y tu
conciencia.  Hoy al fin
he comprendido que
yo soy el que
soy, que
yo so
y*

## Parte 2

# ¿Qué hago aquí?

## Capítulo 5

## PETER COMPRENDE QUE
## NADA ES LO QUE PARECE

A la mañana siguiente Peter acudió a trabajar al banco. Cuando apenas estaba a unos metros de la entrada, pudo reconocer a Sandy caminando delante de él. La tenía tan cerca que podía oler su perfume. Aceleró el paso para acercarse más a ella y por unos instantes pensó en ponerse a su altura para saludarla e intentar entablar cualquier tipo de conversación, pero una vez más no tuvo el valor suficiente. Caminó tras ella la corta distancia que quedaba para llegar a la puerta de la oficina por la que entraron el uno después del otro.

Al cerrarse la puerta del banco, Sandy sintió que alguien venía tras ella, se dio la vuelta para ver si se trataba de un cliente, pero se encontró con la mirada de Peter. Al joven se le iluminó la cara al ver el rostro de Sandy. El amor que sentía le hizo soñar por un instante que quizá ella tendría algo que preguntarle, pero no fue así. La joven, al comprobar que era su compañero, le saludó amablemente y, sin más, se dirigió hacia su puesto de trabajo.

—Buenos días, Peter.

—Hola, Sandy, que tengas un buen día. Buenos días, señor Sullivan, buenos días señor Sanders —saludó Peter al resto de compañeros.

Una vez sentado en su mesa, mientras ponía en marcha el terminal de su ordenador, no podía evitar maldecirse y arrepentirse por haber dejado escapar una vez más otra oportunidad de al menos haber cruzado algunas frases con ella. Pero no, esta vez tampoco pudo ser. Su corazón palpitaba agitado como el de un corredor de maratón. Eso era lo que le sucedía cada vez que estaba cerca de Sandy. Se ponía tan nervioso que era incapaz de articular ninguna palabra.

Defraudado consigo mismo, pensó que lo mejor sería amortiguar su frustración concentrándose en el trabajo y relegar a «Dulce

Sandy» a seguir formando parte de sus sueños; pues de momento no podía ser otra cosa que eso: un sueño.

El día transcurrió con la normalidad habitual y al llegar la noche Peter acudió nuevamente a El Escocés. Al entrar en el local se quedó sorprendido al encontrarse a Charles sentado junto al piano inmerso en la lectura de un libro que tenía entre las manos.

Peter no se lo pensó dos veces y se fue directamente hacia el rincón, no sin antes contar con el beneplácito de su amigo Tomy a quien acababa de saludar con un gesto de complicidad.

—Hola, Charles, ¿le molesta que me siente?

—En absoluto Peter, por favor…

—Le veo muy ensimismado con ese libro, debe de ser muy interesante lo que está leyendo.

—Lo es Peter, le aseguro que lo es —contestó Charles mientras cerraba el libro para mostrarle la portada con el título.

—¡Tratado sobre física de partículas…! —exclamó Peter con cara de sorpresa.

—Sí, así es, querido amigo, la física es una de mis aficiones. Y usted, ¿qué tal con su nuevo libro, Peter?

—Pues si le soy sincero, hay momentos en los que me resulta un poco denso lo que leo. Me cuesta comprenderlo en su totalidad; sin embargo, percibo una sensación extraña en la que se funde esa dificultad de entendimiento con una especie de lucidez que me hace sentir que eso que estoy leyendo ya lo sabía.

—Perfecto —opinó Charles de forma escueta.

—¿Qué quiere decir con «perfecto»?

—Sí, perfecto, suele suceder así. Se mezcla la ignorancia con el recuerdo y el resultado es la lucidez. Esa sensación tan especial que se produce al tener la certeza de que ya lo sabías.

—¿Pero cómo va a ser posible eso si soy un ignorante, si yo no sé nada?

—No es cierto, tan solo es su mente la que ignora esa información, pero usted no es solo su mente.

—Bueno, sí —confirmó Peter titubeando—. Justamente lo último que he leído en el libro habla de otras partes de mí, del alma, de la conciencia, pero no es fácil comprender todo eso. Me cuesta diferenciar entre unas y otras. No lo entiendo muy bien.

—No me extraña, pues en esencia es algo que por mucho que lo intentemos su comprensión está fuera de nuestro alcance. La conciencia pertenece a la existencia y la existencia representa lo eterno, lo infinito. Entender algo así desde el extremo opuesto, lo finito y lo limitado, puede resultar difícil. Es como querer conocer lo incognoscible o poner límites a lo infinito.

—Cierto, eso es, pero seguro que usted lo afronta con más claridad que yo. La verdad es que me vendría bien algo de ayuda.

—Me pone usted en un aprieto, Peter, pero, en fin, lo intentaré.

—Se lo agradezco, amigo.

Charles sacó una pluma estilográfica y una hoja de papel de su maletín y se dispuso a comenzar la exposición.

—Lo primero que ha de tener claro es la diferencia entre la vida y la existencia —le explicó después de que dibujara una circunferencia sobre el papel—. Ya sabemos que la vida es ese periodo de tiempo que empieza en el momento del nacimiento y acaba con lo que llamamos muerte. Es como el diámetro de esta circunferencia —prosiguió ante la atenta mirada de Peter a la vez que dibujaba una línea de izquierda a derecha que dividía el círculo por la mitad—. Nacemos aquí —señaló el extremo izquierdo de la línea, justo el punto de intersección con la circunferencia en el que había arrancado a trazar el diámetro— y morimos aquí —marcó entonces el extremo derecho de la línea, donde acababa el trazado del diámetro y se unía de nuevo al círculo. La circunferencia representa la existencia, no tiene principio ni fin, es infinita y la línea del diámetro representa la vida, comienza en un extremo y acaba en el otro. La vida está contenida dentro de la existencia, tiene un principio y un final; mientras que la existencia ya era antes de nacer y seguirá siendo después de morir. A partir de aquí, podríamos decir que su conciencia pertenece a la existencia, mientras que su cuerpo y su mente son relativas a la vida. ¿Ha comprendido esto, Peter?

—De momento, sí, y agradezco que sea tan ilustrativo, Charles.

—A decir verdad, nunca he encontrado una definición de la conciencia que me dejara satisfecho, así que me he permitido construir una propia que espero le sirva.

—Adelante, estoy ansioso por escucharla —afirmó Peter.

—Se podría decir que una conciencia es una singularidad que sabe que ella es ella y no otra. Es decir, una unidad, una expresión de la individualidad que sabe que es única, diferente del resto, o sea, singular. Ya sé que puede parecer un poco complejo e incluso reiterativo, pero lo más importante es que entienda que una conciencia sabe quién es y se sabe única».

—Bien, ¿y qué diferencia hay entre la conciencia y la consciencia con «s»? Me hago un poco de lío con eso.

—Buena pregunta, Peter, porque es muy común utilizar una para referirse a la otra. La consciencia con «s» es un concepto que utilizamos para definir la capacidad de apreciación de uno mismo y de la realidad que nos rodea. Podríamos decir que la conciencia tiene consciencia de su existencia, es consciente de que ella es ella.

—¡Uf, que lío! —exclamó Peter mientras resoplaba—. ¿Y por qué es tan importante que la conciencia sepa quién es y qué tiene que ver todo eso con la vida?

—Bueno, quizá tendríamos que ponernos en el plano de la conciencia para entenderlo. Piense por un instante en la siguiente cuestión: ¿cómo sabría su conciencia que ella es ella si siempre existió, si nunca fue creada ni jamás dejó de existir, si siempre ha sido?

—Pues no se me ocurre nada. Lo lamento.

—Lo que quiero que entienda es que quizá no sea tan fácil saber quién eres cuando siempre has sido, cuando no tuviste un principio y un final, porque eres eterno, cuando vives en un sistema en el que todo sucede a la vez y todo ha estado sucediendo siempre.

—¡Uf! —volvió a exclamar Peter—. Eso es difícil de entender.

—Lo sé. Quizá experimentarse en la vida a través del tiempo sea un escenario perfecto, una forma de ponerle límites a la eternidad. Seguramente para ser consciente de lo eterno es necesario experimentar el tiempo.

—Ya lo entiendo, por eso una conciencia se experimenta en una vida, para encerrarse en el tiempo. Aquí nacemos, vivimos y morimos.

—Y en el espacio, querido amigo, ambos están asociados en nuestro universo. Aquí experimentamos el espacio y el tiempo, allí lo infinito y lo eterno. Quizá para una conciencia expandirse en el tiempo a lo largo del espacio sea algo especial.

—Eso tiene sentido, Charles.

—Sí, pero no olvide lo más importante: la conciencia utiliza la experiencia de la vida para reconocerse.

—Creo que me he perdido algo —añadió Peter mientras se frotaba la frente mirando hacia el suelo—, no acabo de entenderlo.

—¿Recuerda haber leído el símil del espejo en «El libro de iO»?

—Sí, en él se explica que la conciencia es la imagen real, la vida es el reflejo de la conciencia y el alma es el espejo, la superficie de cristal que hace posible que la imagen se refleje.

—Eso es. Ahora, intenta entender que todo lo que sucede en tu vida es una proyección de tu conciencia y que cada vez que piensas en ella es una acto de reconocimiento: la reconoces. Es una especie de reflejo de ella misma, es tu conciencia pensándose desde ti.

—Es ella pensándose desde mí —repitió Peter—. Y dígame… ¿todo el mundo tiene conciencia?

—En esencia sí, pero no todos lo saben.

—¿Por qué?

—Digamos que a lo largo de la historia ha ido cambiando la relación entre el universo trascendental y el físico, forma parte de la experiencia «vida». En este momento se ha creado la experiencia de normalizar el reconocimiento de la conciencia y la interacción con ella; es decir, que vivir en la conciencia se convierta en algo natural, no sobrenatural. Ya está pasando, esa experiencia ya está creada, se está empezando a vivir y tú formas parte de ella, como toda la gente que lea ese libro. En realidad, lo habrán hecho porque ha sido una elección de su conciencia; vivir la experiencia de reconocerse a través de sus vidas. Ella siempre ha estado ahí, pero mientras tú no la tenías en cuenta es como si no estuviera. Tu conciencia existía, pero no estaba operativa en la experiencia terrenal de Peter. Ahora ya lo está.

—¿Ahora?

—Sí.

—¿Y por qué no antes?

—Porque acabas de descubrir que tienes conciencia.

—Espere un momento, ¿está intentando decirme que todo lo que me está pasando últimamente es porque mi conciencia ha elegido esta experiencia para reconocerse y está sucediendo justamente en este momento?

—Sí, así es.

—¡Uf!... —volvió a resoplar Peter—. No me negará que esto es un poco de locos. Sin comerlo ni beberlo, estoy asistiendo a un momento trascendental de mi vida: acabo de descubrir que tengo mi propia conciencia.

—Bueno… suele suceder así. Parece ser que ahora mismo usted está en el lugar y en el momento adecuado. Es mejor que sea inesperado, espontáneo.

—Por cierto, Peter, una curiosidad, ¿se ha fijado en que si descomponemos la palabra conciencia en dos partes el resultado es «con ciencia»?

—¿Qué me quiere decir?

—Nada, no quiero decir nada, querido amigo, y ahora sintiéndolo mucho tengo que dejarle.

—Vaya, con lo interesante que estaba resultando su conversación…

—Gracias por el cumplido, pero tengo un compromiso ineludible y no me gustaría llegar tarde. Que tenga una feliz velada.

—Gracias, Charles, ha sido muy constructivo todo lo que me ha explicado, como siempre.

Sin más, el apuesto caballero se levantó y, tras despedirse de Tomy, salió del local. Acto seguido Peter, se dirigió hacia la barra al mismo tiempo en que su amigo se apresuraba a servirle una pinta de cerveza.

—¡No, Tomy, no lo hagas!

—¿Que no haga el qué?

—La cerveza, no la malgastes, no quiero tomar nada.

—¿Pero acaso te has vuelo loco?

—No, gracias, pero es que ahora he de irme.

—¡Pero qué dices…!

—Tranquilo, amigo, no te enfades. Ya te contaré, ahora tengo prisa.

Tomy no podía dar crédito a lo que sucedía mientras observaba cómo Peter salía del local para dirigirse a su casa. La conversación con Charles le había despertado aún más la necesidad de seguir leyendo.


## EL LIBRO DE iO

*A*quel día, iO *caminaba por en medio del campo en busca de un lugar apacible donde sentarse con su cuaderno para escribir otra de sus poesías. Apenas se había separado del pueblo unos cientos de metros cuando cogió una vereda hacia el sur que atravesaba un extenso páramo. El sol no calentaba demasiado, pero sí lo suficiente como para que el cuerpo le reclamara una zona umbría.*

Al poco tiempo, pudo observar una encina que se erguía frondosa, aunque solitaria, y un poco alejada del camino, pero cuya sombra se ofrecía como un remanso de frescura en mitad del vasto erial. Caminó hasta alcanzar aquella naturaleza colosal y al llegar se sentó a descansar. Disipado el sofoco, sacó de su zurrón la sansula, se la colocó en el pecho y se dejó llevar haciéndola sonar. Después de un rato decidió que era el momento de abandonar el instrumento para coger el cuaderno. Se acomodó y, sin más, transcribió lo que el corazón le recitó:

## A mi alma

Siento lo que siento, vivo lo que vivo,
anhelo mis adentros que se tornan en deseos,
aprendo a escucharlos,
sintiéndolos,
viviéndolos.

Sé que eres tú, aunque no te veo,
sé que estás ahí, aunque no te encuentro
Lo sé todo de ti, mas no lo entiendo.
Te siento, te presiento,
dentro y fuera,
afuera y adentro.

Me inundas despierto, me vacías en el sueño,
desde mí vives mi vida, desde ti vivo la mía.
Tú eres quien ama, quien ríe y sufre
Yo, quien duerme y olvida.
Tú, la luz que nunca tuve,
Yo, el buscador de la senda perdida.

Despiértame de una vez y enséñame el camino.
Regálame el recuerdo, libérame del olvido,
antes de que sea tarde y se me hiele la sangre
que ya no aguanto más,
aléjame del hastío.

*Déjame que te sienta, que te vea, que te huela.*
*Custódiame y abrázame mientras yo te respiro,*
*así me inspiro.*
*Porque yo no soy sin ti, mi alma,*
*porque yo no soy sin mí,*
*mi vida.*

*Apenas había terminado el último verso, percibió en su cuerpo esa sensación que cada vez le era más familiar; primero una especie de hormigueo agradable moviéndose por todo el cuerpo y, enseguida, una sensación férrea, de quietud pesada, de rozar lo eterno, de sentirse parte del todo y todo de las partes.*

*No lo pensó porque ya se sintió pensado, no lo dudó porque no había albergue en su mente para la duda, y tampoco esperó, pues el tiempo ya no existía. Tan solo cogió su bolígrafo y, dejándose llevar, escribió, no lo que su mente pensaba, sino lo que se le susurraba:*

## La función

¿Cómo te sientes, iO?

—*Bien, comprendo todas las cosas que me dices, son bellas, son enormes, me comprendo a mí.*

Eso es lo más importante: que cada uno os comprendáis y conozcáis a vosotros mismos, que cada uno vayáis descubriendo y entendiendo vuestro «porqué» y vuestro «para qué». El porqué de algo te conecta con el origen de ese algo, con la esencia de la que procede, y el para qué te lleva al resultado, a la función de cada uno en la vida. En la mayoría de los casos, el para qué está relacionado con la profesión de las personas.

—*¿Los trabajos a los que se dedica la gente son importantes para encontrar el sentido de la vida?*

Sí, sobre todo cuando cada persona trabaja en lo que le gusta. En esa situación es muy claro; en otras, la función estará en lo que a cada persona le gustaría ser y eso es por lo que tiene que luchar. Otras veces la función de cada uno, aunque no le guste mucho o nada su trabajo, tiene que ver con el lugar en el que lo desempeña y la gente que está allí.

Los lugares son muy importantes. Siempre se está donde se tiene que estar. En unos casos esto sucede porque la persona tiene que pasar por ese espacio para recibir la energía o la inteligencia del lugar. En otros porque tiene que conocer a la gente que trabaja allí. Siempre son almas con las que es necesario encontrarse para dar o recibir ayuda, conocimiento, o ambas cosas.

# Capítulo 6

# HAY UN PLAN PARA PETER

Aquella mañana transcurrió tranquila para Peter en el banco. Llegó la hora del almuerzo y, como siempre, se fue con su compañero de trabajo al restaurante de en frente, se sentaron en su rincón habitual y el señor Sullivan sacó de uno de los bolsillos de su abrigo un regalo para su amigo.

—Toma, Peter, te he comprado esto.

—¿Un regalo para mí? Vaya, no sé qué decir —contestó el joven mientras se apresuraba a quitar el papel que envolvía el objeto—. ¡Qué bueno, otro libro!

—¿Otro libro? —exclamó el señor Sullivan.

—¡Oh, sí! Ahora le cuento. —Peter se quedó en silencio mientras contemplaba el título del libro: *El Dhammapada*.

—Espero que te guste. Contiene una serie de versos atribuidos a Buda que forman una parte importante de sus enseñanzas.

—Muchas gracias, Sullivan, lo leeré con atención. Desconocía su interés por las religiones, estoy sorprendido.

—No, no es tanto que me interesen las religiones. En realidad, se trata de un libro que cayó por casualidad en mis manos en un momento determinado de mi vida. Hace un par de días, pensando en ti y en lo desanimado que te he visto últimamente, se me ocurrió que podría serte útil. Cuenta cosas muy bellas y, curiosamente, ayer lo vi en el escaparate de una librería. Me llamó la atención el hecho de haber pensado en él y encontrármelo, por lo que decidí comprar un ejemplar para ti. Pero cuéntame, ¿acaso te han regalado otro libro?

—Bueno, sí, hace unos días.

—¡Qué casualidad, Peter!

—Pues sí, porque, como usted bien sabe, tampoco se puede decir que yo sea demasiado aficionado a la lectura.

—¿Y cómo se titula?

—«El libro de iO».

—Y... ¿de qué va?

—Es un libro muy especial. Todo lo que cuenta tiene mucho sentido, aunque tampoco puedo contarle demasiado, apenas llevo unos cuantos capítulos.

*\*\**

Al acabar la jornada de trabajo, Peter se dirigió hacia su casa. Apenas había caminado un par de manzanas, ralentizó su marcha al observar una marquesina publicitaria con un cartel muy llamativo en el que se anunciaba lo siguiente: «El Bazar del Duende, la mayor tienda de juguetes de madera y puzles en Londres».

Peter se detuvo para leer la dirección y, al observar que se encontraba apenas a tres paradas de metro, no se lo pensó. Tenía tiempo y le apetecía conocer un nuevo local dedicado a su única pasión: los puzles.

En apenas veinte minutos, ya estaba entrando por la puerta de la tienda. Se trataba de un lugar muy especial en el que las paredes habían sido decoradas con árboles pintados con todo lujo de detalles. El techo simulaba un cielo nocturno plagado de estrellas, las luces y las sombras estaban tratadas de tal manera que te hacían sentir en un bosque encantado en mitad de la noche. Las estanterías en las que se exponían los juguetes de madera estaban hechas con rodajas de troncos de árboles y, al fondo de la tienda, había un rincón con una iluminación especial.

Caminó hacia allí mientras observaba con atención todo lo que le rodeaba y, al llegar, se detuvo frente a una pared llena de puzles. Enseguida le llamó la atención uno de los más grandes. La tapa de la caja mostraba la figura de una mujer de ojos verdes muy bella, con alas, una especie de ángel con una melena rubia brillante y sedosa. En una de sus manos sostenía una flor de pensamiento con la corola azul, negra y amarilla, mientras la otra mano se mostraba extendida hacia el frente, ofreciéndose para ser tomada.

—Una buena elección, sí señor —susurró una voz cálida y pausada a espaldas de Peter—. Buenas, soy Samuel Thomson, el dueño de la tienda. Está usted ante uno de los puzles más difíciles de completar, pero también uno de los más bellos, sin duda. Cinco mil piezas de paciencia para componer un cuadro de un metro de ancho por uno cincuenta de alto, toda una obra de arte.

—Hola, encantado de conocerle. Mi nombre es Peter. Es cierto, me ha cautivado, me lo llevo.

—¡Caray! Ya me gustaría que todos mis clientes se decidieran tan rápido. ¿Es usted siempre así?

Peter sonrió y se quedó pensativo ante las palabras de aquel hombre, mientras sacaba de su bolsillo las treinta y tres libras que marcaba el precio del puzle.

—No, la verdad es que no.

—Pues debería serlo.

Ambos se dirigieron hacia el mostrador. Samuel guardó el puzle en una bolsa y Peter lo abonó.

Peter salió de la tienda en dirección a su casa. Caminó un par de manzanas hasta llegar a una calle más ancha buscando la salida del metro. A pesar de que su mente permanecía abstraída por las palabras de Samuel, la atención del joven fue acaparada por el colorido y esplendor de unas macetas que decoraban el alféizar de una ventana, situadas al otro lado de la calle.

Sin dejar de andar, Peter observó que un soplo de viento arrancaba una de aquellas flores y la transportaba hacia él. Aminoró un poco la marcha para observar cómo la flor se desvanecía desde las alturas y enseguida empezó a tener la sensación de que acabaría cruzándose en su camino. Se detuvo cuando apenas estaba a unos tres metros de ella para contemplar, absorto, aquella belleza que se posaba encima de su hombro derecho. Pero la sorpresa fue aún mayor al comprobar que se trataba de una flor idéntica a la de la ilustración del puzle que acababa de comprar.

De repente, el corazón le dio un vuelco y, por un instante, creyó perder la razón. Eran demasiadas casualidades. No podía creer lo que le acababa de suceder. El anuncio de la tienda, el puzle, la flor. Era como si todo estuviera conectado, como si nada pasara al azar y cada suceso estuviera relacionado con los demás. Todo adquiría una nueva dimensión para él. Nunca había acabado de entender semejante afición por los puzles a su edad; sin embargo, ahora pensaba que había sido necesaria para tener la experiencia que le acababa de suceder. A eso se refería el lenguaje sutil del que hablaba «El libro de iO». Ahora lo comprendía a la perfección. Un juego en apariencia intrascendente se había convertido en una pieza clave del gran puzle de su vida, para hacerle despertar, para hacerle comprender.

Mientras intentaba reaccionar ante lo sucedido, no podía evitar que en su mente revolotearan las palabras de Charles cuando le decía que el libro era un conector y un catalizador.

Durante unos instantes, permaneció inmóvil, pasmado, contemplando aquella maravilla como si nunca hubiera visto una flor así. La cogió delicadamente con una mano y con la otra sacó del bolsillo de su chaqueta el libro de Buda, lo abrió por una página al azar y la depositó allí.

Sin dejar de pensar en todo lo sucedido, tomó el metro para regresar a su casa. Estimó que le vendría bien distraerse leyendo el libro que le había regalado el señor Sullivan. Lo cogió entre sus manos y lo abrió justamente por las páginas en las que estaba colocada la flor de pensamiento. Tras contemplar la belleza de sus colores, fijó su atención en los versos escritos justamente al lado de sus pétalos, los numerados como once y doce:

> *11. Quienes creen que lo no esencial es lo esencial y lo esencial es lo no esencial, por su errónea visión, nunca llegan a descubrir la esencia.*
> *12. Aquellos que saben que lo esencial es lo esencial y lo no esencial es lo no esencial, debido a su correcta visión, perciben la esencia.*

Peter no podía salir de su asombro al comprobar la similitud entre el texto del libro de Buda y la parte de «El libro de iO» titulada «La importancia de lo esencial».

Era demasiada casualidad que le hubieran regalado dos libros y que en ambos se hablara de algo tan similar y, sobre todo, que los versos de Buda hubiesen sido señalados por una flor llamada «pensamiento», que había ido a parar justamente a esas páginas y no a otras, en teoría de forma fortuita.

De pronto un aluvión de información relacionada con «El libro de iO» empezó a invadir la mente de Peter. El libro hablaba continuamente de la inteligencia manifestada en la naturaleza. ¿Acaso lo que le había sucedido con la flor de pensamiento y todo lo demás eran señales que formaban parte del lenguaje sutil del que tanto hablaba el libro?

Agitado por toda la vorágine mental, Peter sintió la necesidad de continuar con la lectura de «El libro de iO», y así lo hizo. Nada más entrar en su casa se sentó en una butaca y continuó leyendo.

*De repente iO abrió los ojos y despertó. No sabía qué hora era, pero, por la oscuridad que reinaba en la habitación, sabía que todavía no había amanecido. De nuevo escuchó el canto de un mirlo, el mismo que apenas un instante antes le había sacado del sueño. No era la primera vez que lo oía asociado a la llamada, y así ocurrió.*

*Se levantó de la cama, cogió su cuaderno y salió de la habitación para dirigirse hacia una especie de salón contiguo en el que había un ventanal desde el que se podía divisar una gran extensión de campo hasta perderse en un horizonte muy lejano. A iO le encantaba sentarse frente a aquel ventanal situado en el piso más alto de la casa. Disfrutaba mucho cada vez que observaba los vuelos de los pájaros sobre las copas de los árboles, aunque en este momento lo único que podía contemplar era un atisbo de luz en la lontananza anunciando el amanecer.*

*Se arrimó un asiento y permaneció embelesado, contemplando todo lo que cabía observar.*

*De pronto, el mirlo volvió a cantar y el joven sintió una vez más la llamada que, desde que se había despertado, le pedía que se preparara para escribir. Y así lo hizo:*

Buenos días, iO. Siento haberte despertado tan pronto, pero necesito darte un conocimiento esencial. Adelante, sé lo que estás pensando, ¿por qué no me lo preguntas?

—*¿Por qué en todo este tiempo nunca has dicho tu nombre?*

Por fin lo has soltado. Llevas pensándolo desde el primer día, ¿verdad?

—*Sí, pero dime: ¿por qué no te nombras?*

En realidad, eso de los nombres es cosa vuestra. Sois vosotros los que me los ponéis. Dependiendo del momento histórico y del lugar, se me ha llamado de muchas maneras diferentes. Unas han pretendido conceptualizarme y otras definirme como «alguien», en un intento por personificarme.

En la Biblia aparezco entre otros como Yahveh, Jehovah, Elohim; en el islam me han puesto noventa y nueve nombres incluido el de Allah; en la India soy Vishnú, Shiva, Brahman; en el zoroastrismo, Ahura Mazda. Y así podríamos continuar…

—*¿Y no te parece bien?*

A mí nada me parece ni bien, ni mal. Sois vosotros los que lleváis toda la historia generando disputas por unos y otros nombres. Se podría pensar que más que para acercaros a mí, os han servido para separaros entre vosotros.

—*¿Entonces, está mal?*

Nada está bien o mal iO, sois vosotros los que elegís, siempre es vuestra elección y la respeto.

En esencia, para ti soy la idea más elevada que puedes concebir de mí. En lo real y como ya te he explicado, estoy más cerca de ser algo que de ser alguien. Cuando soy algo, soy un estado de conciencia. Todos los estados lo son: el líquido, el gaseoso, el sólido. Todo tiene mi conciencia y se puede apreciar en la inteligencia manifiesta en todo lo que existe. Soy en las partes, en la nada y en el todo. Soy el soplo que da la vida y la vida misma.

Cuando soy alguien, soy vosotros. Soy la esencia de tu conciencia, la luz de tu alma y la energía de tu cuerpo. Soy tú y soy todos. También soy la ilusión del tiempo, lo infinito y lo eterno.

Dime, ¿tienes un nombre para todo eso?

—*Sí, lo tengo.*

Dilo…

—*Dios, tú eres Dios.*

¿Y tú?

—*Yo, ¿qué?*

¿Quién eres tú?

—*Yo soy* iO

¿Te das cuenta?

—*¿De qué?*

Ya me has dejado fuera. Ya me has separado de ti.

—*Lo comprendo, pero entenderás que no es fácil sentirme tú y yo a la vez. Sobre todo lo de sentirme tú me cuesta mucho. Aunque ya he comprendido que soy una parte de ti, no puedo evitar tener la sensación de que estamos separados.*

Lo sé.

*—Entiendo que otra forma de experimentar la separación es no creyendo en ti.*

Cierto, lo es.

*—¿Y qué pasa con toda esa gente que no cree en ti, son muchos, te molesta que no crean?*

A mí no me molesta nada iO, yo no juzgo a nadie, no tendría ningún sentido porque yo también soy esas personas. Tú conoces a mucha gente que son justos, buenos, amorosos, preocupados por los demás y, sin embargo, no creen en mí. ¿Tendría algún sentido que no aceptara a quienes no creen en mí si justamente uno de los sentidos de la vida es experimentar la separación de mí?

Las personas que no creen en mí siempre tienen la posibilidad de cambiar su elección, si no lo hacen es porque no quieren, porque sigue siendo un deseo de su alma. Yo me experimento tanto en los que creen en mí como en los que no lo hacen. Hasta la experiencia de no creer en mí forma parte del plan.

*—¿Del plan, de qué plan?*

## Tú tienes un plan

Antes de experimentarse en la vida, el alma de cada persona elige dónde va a nacer, las almas que van a intervenir o interferir a lo largo de su vida y junto conmigo trazamos un plan.

En realidad la experiencia de la vida consiste en que vayáis recordando ese plan, el plan de cada alma, el de cada vida. En algunos momentos lo seguís al pie de la letra; es entonces cuando tenéis la sensación de que todo en vuestra vida se mueve con fluidez, que vuestros deseos se cumplen con tanta facilidad que parece que estáis siendo ayudados por algo o por alguien. En otras ocasiones os desviáis del plan y normalmente también lo sabéis; suele ser cuando no le encontráis sentido al lugar en el que estáis, ni con quien estáis.

En esencia, todas las experiencias están dentro del plan, pero dependiendo de las elecciones que hacéis en cada momento, la vía para que se cumpla el plan es más directa o transcurre por caminos más tortuosos. A veces os equivocáis de camino, pero siempre tenéis la oportunidad de retroceder y buscar de nuevo la vía más directa.

—*¿Entonces un alma no viene al mundo con todo elegido?*

No exactamente. Todas las almas antes de nacer saben que independientemente de las elecciones directas que hagan, sus vidas se pueden ver afectadas por las elecciones que realicen otras almas.

—*Por lo que dices la realización de nuestro plan está sometido a unos niveles muy elevados de incertidumbre en la medida que depende de la realización del plan del resto de las almas.*

Eso es y en eso consiste la experiencia de la vida, en aceptar vivirla con todas sus posibilidades.

Las almas que eligen experimentarse intensamente en la vida física a través de un cuerpo, lo hacen porque esa experiencia les resulta muy diferente de la que están teniendo como alma en el universo trascendental.

La misma curiosidad que tenéis vosotros por saber cómo es el universo de las almas, lo que llamáis «el más allá», la tienen las almas por saber cómo es la vida. La misma necesidad que tenéis vosotros de experiencias espirituales la tienen ellas de tener experiencias terrenales. La mayor diferencia es que en este momento, todavía, vosotros no tenéis acceso directo al universo de las almas y ellas sí que tienen la posibilidad de ver todos los acontecimientos de vuestra vida, de esa vida que van a vivir, y después elegir la vía y los caminos para cumplir su plan y mi plan.

—*¿Entonces, tú también tienes un plan?*

Claro, el plan de la conciencia del todo, el que hace que se cumplan los planes de todos. Se podría decir que hay un plan general y unos planes individuales.

—*Eso tiene todo el sentido.*

Eso le da sentido a todo.

*iO se sintió abrumado por la información que acababa de recibir. Aflojó los dedos que sostenían el bolígrafo y dejó* de escribir durante un instante en el que su semblante mostró un gesto de preocupación.

¿Estás bien, iO?

—*Estoy todo lo bien que puede estar alguien que vive lo que estoy viviendo, me sigue costando creer lo que me está pasando. No se me ocurre ningún argumento para desmontar lo que me dictas, todo es tan coherente, tan inteligente que no hallo nada que decir, excepto que me viene demasiado grande y me hace sentir muy pequeño. Por otro lado, toda la alegría que experimento al recibir el conocimiento que me das se mezcla con la frustración que siento al reconocer que todavía estoy lleno de vacíos, de dudas.*

¿Por ejemplo?

—*Me resulta difícil comprender por qué elegimos venir a sufrir, asumir que escojamos una vida en la que continuamente debemos enfrentarnos a tantas penas y padecimientos.*

Es normal que tengas ese sentimiento. Por muchas explicaciones que os dé siempre os va a costar entender por qué tenéis que sufrir y mucho más comprender que el sufrimiento forma parte de la experiencia que habéis elegido.

## El sufrimiento

En cada momento elegís lo que queréis hacer desconociendo las consecuencias de vuestras elecciones. Si las conocierais, no tendría mucho sentido vuestra vida. Ni el alma, ni la conciencia elegirían la experiencia.

Ni siquiera aquellos que han tenido una relación más directa conmigo lo han tenido fácil. Solo tenéis que pensar en Jesús, el Cristo. Su vida estuvo cargada de dificultades y sus elecciones lo condujeron a una muerte terrible.

El sufrimiento es una elección del alma, pero se puede cambiar en vida si se llega al convencimiento de que ya no es necesario.

Cuando la gente sufre se acuerda más de mí, me piden dejar de sufrir, me prometen cosas, me ofrecen tratos, intentan negociar conmigo. Cuando alguien está inmerso en un proceso de sufrimiento se abren un sinfín de puertas, de oportunidades de acercarse a mí. Tan solo hay que saberlo y estar atento al lenguaje sutil, a las personas que se acercan a ti dispuestas a ayudarte a despertar.

El sufrimiento es una señal, es una oportunidad para despertar. Cuanto antes se acepte esto, antes desaparece el sufrimiento; cuanto antes os posicionéis frente a mí, antes os lo quitaréis de encima.

—*¿Y no te molesta cómo somos?*

En absoluto, sois tal y como quiero que seáis. Deseo experimentarme en todas las posibilidades. La vuestra es única.

—*Ya, pero desde aquí parece un poco cruel, cuando experimentamos el sufrimiento, el dolor, la separación no es agradable...*

Pues cambiadlo, en la mayoría de los casos podéis hacerlo. Gran parte de vuestro sufrimiento está basado en elecciones que se pueden cambiar.

—*¿Cómo?*

En la mayoría de las ocasiones sois plenamente conscientes de que elegís amistades, trabajos y realizáis acciones que, a priori, sabéis que os van a hacer sufrir, y sin embargo, las elegís. Muchas personas comen y beben en exceso, fuman, se drogan, maltratan su cuerpo, destruyen su templo. Conocen perfectamente las consecuencias y sin embargo lo eligen.

Saber que la elección del sufrimiento es un deseo del alma es un gran paso. Si has despertado, si has profundizado en quién eres y has comprendido por qué estás aquí, habrás entendido también que a través del alma, de la conciencia, y viviendo la experiencia trascendental, puedes cambiar tu elección.

## *Despertar y renacer*

El estado natural del alma es la unión conmigo. La separación es un privilegio porque cuando un alma regresa a su estado natural en el universo de las almas, lo hace cargada de conciencia individual y conciencia de mí. Digamos que mientras las almas se experimentan en la vida, entran en un estado de adormecimiento que es el que crea la experiencia de separación. Es como un juego, en el que a lo largo de la vida tienen que conseguir despertar.

Cuando un alma completa la experiencia de la vida y regresa al universo de las almas recupera la sensación de estar unida a mí. Al tomar conciencia de quién es, ve la luz trascendental. Es otro tipo de luz con la que el alma recrea el universo que experimentó en la vida: las formas y los seres con los que vivió y en los que creyó. Lo más importante es que esta experiencia es real; la viven como real porque lo es.

Cualquiera que lea lo que tú escribes, lo que escribo a través de ti, tiene la oportunidad de despertar su alma adormecida y elegir vivir en mí o continuar viviendo la separación. Esto vengo haciéndolo a lo largo de toda la historia. Hay más textos de los que llamáis «sagrados» de los que os podéis imaginar, aunque en realidad deberían llamarse «revelados» o «inspirados».

Todo el planeta y sus habitantes, desde que han sido conscientes de que eran humanos, han tenido ayuda. Forma parte del plan de la experiencia vida. Siempre he estado presente y me he manifestado de una u otra forma para todos los vivientes.

El renacer de la conciencia y el despertar del alma son las experiencias más sublimes que se pueden tener en la vida.

Desde la conciencia, podéis entender la vida, diseñar vuestro recorrido a través de ella, sanar, hacer realidad vuestros sueños y comprender la verdadera realidad.

Ahora es el momento de normalizar la relación conmigo, sin intermediarios, sin condiciones, sin recompensas ni castigos, de forma natural.

Desde la conciencia individual se puede contemplar el estado del alma y de las almas que te rodean. Desde ese estado elevado lo puedes ver y entender todo, me puedes ver y entender a mí. Tú ya has empezado a hacerlo.

—¿Yo?

Si, en tus meditaciones.

*La última información captó la atención de* iO *haciéndole recordar su forma de meditar desde que se le había explicado la diferencia entre la conciencia y el alma.*

*Tras alcanzar un estado de quietud, cerraba los ojos y se contemplaba alejándose de su cuerpo. Se elevaba hasta un punto en el que, atravesando el universo, perdía la perspectiva de todo lo físico. Era entonces cuando se veía en su conciencia en mitad de la nada; rodeado de las conciencia de las personas que en ese momento intervenían en su vida. Aquellas con las que se relacionaba o trabajaba. Desde esa posición elevada, se conectaba con las almas de esas personas. Se dirigía a ellas, les daba las gracias por aparecer en su camino y les hacía la petición que deseaba desde la conciencia, desde el alma, desde la vida.*

*Una vez que terminaba de compartir sus deseos con las otras conciencias y las almas de cada una de ellas, dejaba que el pensamiento se diluyera en el vacío de la nada hasta deshacerse de toda intención, de toda voluntad, hasta dejar de pensar, y ahí se quedaba.*

Esa es una buena forma de meditar.

—*¿Me la diste tú?*

Así es.

Es un ejercicio de reconocimiento de tu conciencia y tu alma, de la conciencia y el alma de las personas con las que te relacionas. Al activar tu conciencia lo verás todo con otra perspectiva y, a la vez, activarás las almas y las conciencias de todos los que intervienen en esa acción. Hazlo en mi nombre y pide permiso desde la conciencia a todas las almas y conciencias que van a intervenir.

Otra forma de activar la conciencia es a través de la lectura de tus dictados, mis dictados. Pensando en mis palabras os conectáis conmigo.

## *Los elegidos y los no elegidos*

El primer paso para que a todo el mundo le resulte fácil tener «la experiencia trascendental» es no considerarse elegido. De lo contrario, esa persona podría ser vista como una privilegiada, y esto haría que el resto se sintieran separados de mí.

La experiencia trascendental ha de ser vivida desde la normalidad, la naturalidad, sin ocultaciones, sin privilegios, sin mesianismos.

iO *cesó de escribir y dejó la mirada perdida en el ventanal por el cual se podría observar la salida del sol, y en medio del silencio de la mente escuchó:*

Vamos, dilo, sé lo que estás pensando.

—*Me acabas de quitar un peso de encima, por un momento pensé que ibas a pedirme hacer algo.*

¿El qué?

—*No sé, algo especial, como has hecho con otros.*

¿Te parece poco especial lo que estás haciendo?

—*Pero yo no hago nada. Eres tú quien lo hace todo, yo tan solo escribo lo que tú me dictas. Yo me refería a hacer esas cosas que otros hacían.*

¿Te refieres a Jesús de Nazaret?

—*Por ejemplo.*

Tranquilo, se trata de justo lo contrario. Esa experiencia ya está creada y experimentada. Ahora es el momento de elegir otra: la de vivir «la experiencia trascendental» de forma natural y convertirla en algo normal, al alcance de todo el mundo. Además, Jesús no hacía más que repetir una y otra vez, «lo que yo hago vosotros podréis hacerlo también y más…».

Fueron sus seguidores y el paso del tiempo los que han hecho que su figura sea contemplada como algo sobrenatural, inaccesible. Por eso resulta muy complicado creer que la relación que él tenía conmigo está al alcance de cualquier persona.

Proclamarse elegido hace que los demás se sientan separados de mí. No hay elegidos y no elegidos, sois vosotros los que determináis tener o no la experiencia trascendental. Yo os elijo a todos.

# Capítulo 7

# EL TIEMPO, EL ESPACIO Y
# EL MOVIMIENTO DE PETER

Por fin llegó el sábado. Liberado de tener que ir al banco, Peter se despertó más temprano de lo habitual. Abrió los ojos lentamente y vio un intenso rayo de luz que, al penetrar por una rendija de la persiana, se reflejaba en la pared del fondo de la estancia, lo que le hizo presagiar que era una mañana soleada. Sin apartar la mirada del haz de luz, el primer pensamiento que le vino a la mente fue visitar Hyde Park, uno de los parques más importantes de Londres. Hacía tantos años que no paseaba por él que ni siquiera podía recordar cuándo había sido la última vez.

Desayunó como de costumbre y se dirigió a la estación de metro más cercana.

Durante todo el trayecto no hacía otra cosa que pensar en todas las cosas que habían sucedido desde que comenzara la lectura del libro. Se preguntaba una y otra vez cuánto habría de realidad en cada casualidad y cuánto de sugestión, o si acaso se trataría simplemente de las consecuencias de situaciones forzadas por él mismo. Una por una fue repasando todas esas circunstancias con el afán de resolver la duda.

Fue transcurriendo el tiempo y, con él, también pasó de largo la estación en la que debía hacer el transbordo hacia Hyde Park Corner, la salida de metro más cercana a la entrada sur del parque. Afortunadamente recordó que había otro acceso por la zona norte, frente a la estación de Queensway, apenas tres paradas más allá.

La mañana no podía ser más espléndida: el cielo estaba totalmente despejado de nubes y la temperatura era excelente.

Peter se adentró en el parque y, una vez hubo recorrido unos cientos de metros, se detuvo junto a un grupo de árboles que captaron su atención por la forma en la que estaban dispuestos. Parecía que estaban reunidos formando una especie de círculo. Sin pensarlo dos veces, se situó en el centro y comenzó a girar lentamente con la intención de observar a cada uno con detenimiento.

Cuando quiso darse cuenta, se vio sorprendido por los rayos de sol que atravesaban las ramas del árbol más frondoso. Se quedó paralizado frente a él durante más de diez minutos, ensimismado, como si nunca hubiera visto nada igual. Tan solo una voz que surgió a pocos metros de distancia consiguió distraer su atención.

—¿Peter, qué haces aquí?

Muy sobresaltado y confundido por la situación, bajó la vista hasta dar con la fuente de la que procedía la voz. Allí estaba, no lo podía creer, frente a él, con la misma cara de sorpresa.

—¡Sandy! —gritó Peter cariacontecido—. ¿Pero de dónde has salido?, ¿qué haces en este lugar?

—Pues he salido de mi casa y lo que hago aquí es lo mismo que suelo hacer cada sábado, pasear, y después sentarme a leer un libro apoyada en ese árbol. —La joven señaló el mismo árbol tras el que Peter observaba el sol— ¿Y tú, qué haces aquí?

—Pues he venido... —contestó titubeando.

—Pues qué casualidad, ¿no? —interrumpió ella para sacarle del aprieto.

—No, casualidad no, bueno sí... —tartamudeó intentando contestar, mientras luchaba por recobrar la compostura.

—¿Es que vienes mucho a pasear por Hyde Park?

—La verdad es que no, Sandy, creo que la última vez que lo hice era tan pequeño que no lo recuerdo. Además, vivo bastante lejos, cerca del banco, ya sabes...

—¡Cielos, por lo menos habrás tardado una hora en metro! —exclamó Sandy extrañada.

—Sí, eso es exactamente lo que he tardado, una hora, y si te digo la verdad, tampoco tenía planeado venir a este lugar, pero me he confundido de estación y al final he aparecido aquí.

—¿No te parece increíble semejante casualidad, Peter? Con lo difícil que es que dos personas se encuentren en Londres, y tú y yo coincidimos en el mismo lugar.

—Si te digo la verdad, cada vez creo menos en las casualidades. Dime, Sandy, ¿cómo es que vienes cada sábado a este lugar, acaso vives cerca?

—No demasiado. Vivo a mitad del camino entre el banco y este parque. Cuando era pequeña mi padre acostumbraba a traerme a jugar aquí todos los sábados. Era muy divertido. Uno de los dos se ponía a contar con los ojos cerrados en el centro del círculo mientras el otro se escondía tras los árboles. Se trataba de adivinar, en el menor número posible de intentos, el árbol en el que el otro estaba escondido. Si lo conseguías antes del tercer intento, ganabas, y entonces te tocaba esconderte a ti. Lo más divertido era que, como los árboles eran tan gruesos, para descubrir al otro dabas un grito enorme con la intención de asustarlo. Tanto si acertabas como si no, resultaba muy excitante.

—Vaya, ¡qué bueno! No conocía ese juego —afirmó Peter, mientras la invitaba con un gesto a sentarse en el suelo, junto al árbol tras el cual se ocultaba el sol.

—No es un juego conocido, se le ocurrió a mi padre. Habitualmente se inventaba juegos y cuentos, y este círculo de árboles era nuestro lugar secreto. Cuando crecí dejamos de venir, y la verdad es que pasó mucho tiempo sin que volviera a visitar este lugar. Hace un par de años, mi padre falleció y, al cabo de unos meses, comencé a tener a menudo el recuerdo del juego; sentía la necesidad de visitar estos árboles. Así empezó todo. Desde entonces cada sábado que puedo vengo aquí a recordar y a leer.

—Pues si te digo la verdad, yo también he sentido esta mañana la necesidad de venir a este parque, aunque en realidad, como te he dicho, mi idea era haberme ido al otro extremo, y de no haber sido porque me salté una estación de metro, ahora estaría allí.

—Y dime, Peter, ¿se puede saber qué hacías en mitad del círculo mirando al árbol?

—¡Uf! —exclamó Peter mientras acomodaba su espalda contra el viejo árbol—. Es una larga historia, creo que será mejor no hablar de ello. No me gustaría que salieras corriendo. Preferiría que habláramos de ti, ¿qué es lo que lees cuando vienes aquí?

—¡Oh, no, por favor! No hablemos de eso, te dormirías de aburrimiento, te lo aseguro.

—Vamos, Sandy, no creo que sea para tanto. A lo mejor te sorprendes. ¡Venga, dímelo!

—Está bien, si insistes... allá va: ¡física, vengo a estudiar física! — recalcó Sandy mientras sacaba de su bolso un libro que rezaba en su portada «Fundamentos de la radiación solar».

—¡No me lo puedo creer! —contestó Peter, quien no salía de su asombro una vez más.

Mientras clavaba la mirada en el título de aquel libro, su mente no podía evitar llenarse de pensamientos en los que todo se relacionaba: las lecturas de «El libro de iO», las conversaciones con Charles, todas las casualidades que habían venido sucediéndose últimamente y que, a estas alturas, se habían convertido en una certeza. No albergaba ya ninguna duda de que él no tenía control sobre ellas.

Toda esa vorágine sucedía mientras escuchaba a Sandy explicarle que era licenciada en física y había suspendido el examen a una oposición debido a la larga enfermedad de su padre. Entre tanto había surgido la oportunidad de trabajar en el banco y la había aprovechado. Necesitaba el sueldo para vivir y sufragar sus estudios de doctorado. Tras el fracaso en la oposición, había decidido que quería dedicarse a la investigación y su tesis doctoral estaba basada en el estudio de la luz.

Poco a poco, en la mente de Peter cobraba fuerza un nuevo pensamiento: tenía sentada junto a él a la mujer de la que estaba enamorado desde hacía mucho tiempo, con la que nunca había tenido una conversación, y, sin embargo, ahora estaba ahí, a su lado, con la dulzura que la caracterizaba. Y lo más desconcertante es que él no había hecho absolutamente nada que propiciara el encuentro.

La curiosidad de Sandy hizo que de nuevo le preguntara a Peter qué hacía mirando la copa del árbol de aquella forma, lo cual obligó al joven a empezar la historia desde el principio.

Pasaron más de dos horas en las que Peter le resumió todo lo que le había ocurrido desde que «el hombre que tocaba el piano con los ojos cerrados» le había regalado «El libro de iO».

Ella no salía de su asombro con las cosas que Peter le contaba y todo el conocimiento que acumulaba, algo que a él también le tenía muy sorprendido, pues por primera vez trataba el tema con alguien que no fuera Charles.

Se sentía inspirado, motivado y, en muchos momentos, ayudado. Era consciente de que había algo o alguien que lo empujaba poniendo en su boca las palabras, las frases y los recuerdos.

A medida que conversaba con Sandy, iba entendiendo el sentido de aquel encuentro al relacionarlo con el proceso de transformación que estaba viviendo en ese momento de su vida.

Comprendió por qué, hasta ese día, nunca había mantenido una conversación con ella. Entendió que todo había sido perfecto para que aquel encuentro tuviera el valor que estaba adquiriendo para él. No cabía duda, era una señal.

Estaba claro que se trataba del lenguaje sutil diciéndole que todo lo que leía, todo lo que le pasaba, era real. Entendió por qué llevaba tanto tiempo trabajando en algo que no le gustaba. Se dio cuenta que hasta eso había sido perfecto. Recordó que en «El libro de iO» se hablaba de la importancia de los lugares y de las personas con las que nos encontrábamos en ellos. Ahora entendía lo que se decía, que se trataba de encuentros pactados entre almas, por eso había terminado trabajando en ese banco.

Tras despedirse, ambos partieron para sus casas. De regreso en el metro, no podía quitarse de la cabeza todo lo ocurrido, mientras una amalgama de emociones revolucionaban su cuerpo y en su mente persistía el mismo pensamiento: ¿sería todo obra del libro?, ¿tendría razón Charles cuando decía que «El libro de iO» era un catalizador, un activador, un transformador?

Enseguida sintió la necesidad de seguir leyendo, pero no llevaba el libro encima. Pensó entonces que sería una buena idea pasarse por su casa para recogerlo y dar un paseo por la orilla del Támesis en busca de algún banco en el que sentarse y disfrutar de la lectura al aire libre y así lo hizo.

Tras hacerse con «El libro de iO» caminó durante algo más de una hora. Necesitaba reflexionar sobre todo lo ocurrido para intentar encajar cada cosa en su sitio.

De repente comenzó a llover y Peter sintió la necesidad de buscar un lugar en el que refugiarse para tomar una taza de té y continuar con la lectura.

Afortunadamente, a unos pocos metros de distancia, se encontró con una tienda de dulces en la que servían pasteles y té. El lugar no estaba muy concurrido y parecía bastante acogedor, así que entró, pidió un té, se sentó junto a una mesa y comenzó a leer.

EL LIBRO DE iO

*C*ada *día iO estaba más entusiasmado con su nuevo instrumento, la sansula. El pequeño artilugio se había convertido en algo especial en su vida y aprovechaba cualquier rato libre que pudiera arrancarle a su jornada de trabajo para disfrutar de él.*

*Aquella tarde había terminado pronto la labor y le apetecía mucho tocar la sansula. Así que, se colocó el* manto sobre los hombros y con el instrumento entre las manos tomó una vereda camino del monte. Paseó sin rumbo fijo durante un buen rato. Estaba tan abstraído, tan sumido en lo que hacía, que nada le distraía mientras caminaba hacia ninguna parte.

Nota a nota, no cesaba de crear melodías armoniosas mientras observaba el paisaje. Sin apenas darse cuenta, ya estaba en mitad del monte, rodeado de árboles. Decidió que era el momento adecuado para elegir uno en el que apoyarse a descansar, así que se salió del camino adentrándose en la espesura, hasta que divisó un álamo con el tronco recto y ancho, ideal para apoyar su espalda en él.

Una vez se sentó junto a aquel árbol, continuó creando música, a la vez que disfrutaba de los aromas del lugar. Olía a monte perfumado. La jara, el tomillo y el romero, junto a alguna otra planta silvestre, inundaban con sus fragancias todo el entorno. Era un olor intenso, penetrante, que solo se podía apreciar en aquella parte alejada del pueblo.

El joven se deleitaba con su composición y respiraba aquella mixtura de esencias cuando empezó a apreciar el canto de una perdiz compitiendo con el de una paloma torcaz. Todo se mezclaba entre sí. La música, los olores, los cantos de las aves y la luz de aquel lugar auspiciado por un intenso cielo azul, muy azul. Era un sitio perfecto, un instante sublime, un momento irrepetible que le hizo sentirse afortunado, el hombre más rico del mundo.

Toda aquella algarabía de sensaciones hizo que el joven acabara reflexionando sobre lo importante que era saber apreciar cada instante, cada segundo de nuestra vida. Sintió entonces la necesidad de realizar una instantánea de aquel momento, de la mejor forma que él sabía hacerlo, con palabras y versos.

Dejó de tocar la sansula y tomó su cuaderno de poesías para intentar describir todo lo que pensaba, todo lo que sentía.

# Al tiempo

¡Ay!, si pudiera atraparte.
Te retendría para siempre en mi mejor instante.
¡Ay!, si pudiera encontrarte.
No sería necesario esperar nunca más.
¡Ay!, si supiera dominarte.
Dejaría de buscar el principio y el final.

Quisiera ser un segundo tuyo para verme pasar.
Quisiera ser un minuto de ti para dejarme llevar.
Quisiera ser tú para poderme parar.

No sé si estás o no estás, no te he sentido jamás.
No sé si vienes o te vas, nunca te vi llegar.
Tampoco te he visto partir.

Apareces y desapareces entre recuerdos y olvidos,
rebuscando en el pasado mil momentos perdidos,
añorando en el presente un futuro desvanecido,
que no vislumbro, que no atino,
¿Por qué te escondes?

Si miro hacia atrás te pierdo a lo lejos.
Si miro hacia adelante no me dejas ver nada,
de nada...
¿Dónde está el truco, dónde la magia?

Déjame desprenderme de ti.
Déjame desvanecerme sin ti.
Abandóname por un instante,
en un suspiro, en un latido...
Déjame que sea sin ti.
Déjame que sea...
Eterno.


Tras los últimos versos el joven se quedó pensativo y,
una vez más, sin esperarlo ni buscarlo, dejó de pensar, y
sintió que era pensado.

Sigue escribiendo, iO, sigue.

## El tiempo y el espacio en movimiento

En el universo trascendental todo existe a la vez, es una especie de presente continuo, mientras que en el universo físico vivís en un presente imposible.

—¿*Un presente imposible?, eso no es fácil de asimilar.*

Sí, un recuerdo del pasado, porque en el momento que intentáis ser conscientes del presente, este ya pertenece al pasado, fruto de elegir constantemente posibilidades de futuro.

El tiempo no existe, en realidad es tan solo una ilusión, una unidad de medida ligada al espacio. Para vosotros es más comprensible el concepto del espacio, porque podéis tocarlo, os movéis por él.

En el universo trascendental todo es estático. En el universo físico todo está en movimiento. Nunca hay nada que esté en el mismo lugar.

La Tierra, el sol y la luna se mueven. Las galaxias, vuestro universo y todos los universos están en movimiento. Tus partículas y antipartículas también. Tú te mueves con todo y todo se mueve contigo. Si lo piensas, ahora no estás en el mismo espacio que hace un segundo, ya te has movido, ya estás en otro lugar. Todos tus «tús», o tus «yoes» están existiendo al mismo tiempo pero en diferentes lugares o, si lo prefieres, en diferentes posiciones.

## Las claves para moverse en la vida

No tengáis miedo al fracaso. La mayoría de las veces no avanzáis en vuestra vida porque no acabáis de ver los enlaces que unen unos acontecimientos con otros. Os cuesta mucho entender que cuando no conseguís algo es porque todavía no tenéis que conseguirlo, porque es necesario que sigáis buscando, conociendo a gente que os conducirá a otra gente hasta que aparezca la persona que estáis esperando. A veces, incluso a quien menos atención le prestáis, es quien más puede ayudaros a dar el siguiente paso.

Las personas son como señales de tráfico. Algunas se comportan como una señal de «stop» ante la que tendréis que deteneros porque esa persona tiene algo que contaros o quizás presentaros a alguien. Otras personas son como una señal de «ceda el paso», en esos casos, sois vosotros los que tenéis que permitir y ayudar a que alguien se mueva presentándole a un tercero. También hay personas que actúan como indicadores de dirección y, por supuesto, los hay que hacen las veces de señales de peligro.

La velocidad también es importante, por eso hay personas que la limitan para que os mováis a la velocidad apropiada, de lo contrario, es muy probable que os salgáis de la ruta o no lleguéis nunca a conseguir vuestros objetivos.

Ampliad la perspectiva para que la velocidad y la dirección sean las correctas. Mirad más allá de las personas que os parecen importantes, disminuid el exceso de admiración hacia ellas y tampoco busquéis ser admirados, tanto una cosa como la otra os frenarán.

*Tras la última frase,* iO *sintió que el dictado había cesado y, sin más, cerró su cuaderno y tomó el camino de regreso a su casa.*

*Apenas había caminado unos cientos de metros, tuvo de nuevo la misma sensación que cuando recibía la «llamada». Pero esta vez no le pedía escribir, sino que mirara hacia su derecha. Al hacerlo, vio no muy lejos un árbol que le llamó la atención por la frondosidad de su follaje. Se dirigió hacia él pensando en que se le pediría seguir escribiendo.*

*Caminó hacia allí y, al llegar, se sentó en una piedra con forma de banco. Parecía como si alguien la hubiera puesto allí para contemplar la belleza de aquel árbol. Se trataba de una catalpa de unos tres metros de altura con una copa enorme, redonda; llena de grandes hojas con forma de corazón y tan tupida que el espesor no permitía que se vieran las ramas.*

*Allí se sentó a contemplar aquella maravilla a la espera de recibir alguna indicación, pero no fue así. Tan solo un mirlo apareció volando y, tras introducirse en lo más profundo del árbol, se inició un movimiento continuo muy extraño que afectó a todas las hojas. Estas parecían ser agitadas en una sincronía perfecta, como si fueran péndulos colgando. Aquello le pareció extraño, pues el viento había amainado mucho.*

*Era el final del verano y, aunque el sol se acababa de poner, todavía había mucha luz.*

*De pronto, iO se quedó helado al apreciar en las hojas una luminiscencia verde que apareció de manera espontánea, sin esperarlo. Era como si aquel vaivén hubiera favorecido que se iluminara todo el árbol.*

*Se trataba de una luz pálida que difuminaba el relieve del verde natural de las hojas por uno más intenso y claro.*

*Aquello duró poco tiempo, se desvaneció de repente y, al hacerlo, el joven prefirió pensar que semejante fenómeno habría sido una ilusión óptica. Y, sin más, se fue a su casa.*

\*\*\*

Peter miró su reloj y decidió que era el momento de dejar la lectura y abandonar aquel lugar para dirigirse hacia su casa.

Pagó la cuenta y, al aproximarse a la salida, se detuvo; le llamó la atención un cuadro que mostraba una mujer alada que, oculta tras un árbol, ofrecía con su mano extendida una rosa blanca. Al verlo recordó la imagen del puzle que había comprado en El Bazar del Duende, en el que también aparecía una mujer con alas, como si fuera un ángel. Por si fuera poco, además, el árbol de aquel cuadro era muy parecido al de Hyde Park.

Nada más llegar a su casa, sintió la necesidad de empezar la construcción del puzle y así lo hizo. Abrió la caja, extendió todas las piezas sobre la mesa y colocó la ilustración en el borde de la misma para que le sirviera de referencia. Entonces, se quedó pensativo, observando la imagen de aquel ángel cuya mano le ofrecía una flor de pensamiento. Mientras se preguntaba por dónde empezaría a ensamblar las piezas, de repente lo tuvo claro: lo haría por la flor. Era una imagen muy concreta que estaría formada por pocas piezas con unos colores muy diferentes del resto: azul, amarillo y negro.

Poco a poco fueron transcurriendo las horas en las que Peter, de manera sosegada, le iba dando forma al puzle. Siempre había utilizado este tipo de juegos como un pasatiempo, pero ahora, por algún motivo, la perspectiva era diferente. Sentía algo especial cada vez que encajaba una pieza en su sitio.

Bien entrada la tarde, decidió que era el momento de ir a ver a su amigo Tomy. Caminó hacia El Escocés, sumergido en un mar de sentimientos provocados por Sandy, entremezclados con oleadas de ideas relacionadas con «El libro de iO». Tal era la marejada, que ni siquiera percibió el sonido inconfundible del piano de Charles. No se percató de ello hasta que atravesó la puerta del local. Nada más hacerlo, se sorprendió al ver a un grupo de unas veinte personas que se habían sentado formado un círculo alrededor de Charles.

Peter se dirigió hacia la barra para saludar a su amigo Tomy, quien nada más verle se había dispuesto a preparar una jarra de cerveza.

—Hola, Tomy.

—Hola, amigo.

—¿Y esta gente?—preguntó Peter mientras señalaba con un gesto al grupo de personas.

—Pues ahí los tienes. Creo que vienen todos juntos en una excursión. Entraron, me pidieron una consumición cada uno y, al ver a Charles en su salsa, se fueron sentando sigilosamente en torno a él. Creo que ni se ha dado cuenta de que están ahí. Lleva más de media hora tocando con los ojos cerrados y ellos han aparecido aproximadamente hace unos veinte minutos. Debe de haberlos hipnotizado…

—¿Y por qué están todos con los ojos cerrados también?

—Pues no lo sé… Este Charles tiene algo extraño, yo creo que es hipnotizador o algo así. No sé, quizá tú lo sepas mejor que yo, porque desde que lo conoces pareces otro.

—¿Que parezco otro? Qué cosas tienes, Tomy, ¿acaso me ves algo raro?

—Sí, claro que te veo algo raro.

—No me digas, y ¿se puede saber el qué?

—La mirada, amigo. Tienes otra mirada. Se te ve más…, más…— Tomy tartamudeó mientras intentaba buscar las palabras adecuadas.

—¿Más que?, ¡acaba, Tomy, por Dios! —exclamó Peter enojado.

—Más brillante, eso es. Tienes la mirada más brillante y tu forma de moverte también es diferente. Caminas de manera distinta, andas de forma diferente.

—¡Qué cosas tienes, Tomy! No seas absurdo. Yo me veo como siempre.

De pronto, la conversación entre los dos amigos se vio interrumpida por los aplausos que había arrancado Charles tras poner fin a su interpretación. El caballero, cariacontecido ante semejante expectación, saludó a los presentes con la elegancia que le caracterizaba. Cerró la tapa del piano para dejar claro que no pretendía seguir tocando y, después de recoger su maletín y su paraguas, se dirigió hacia la barra para saludar a Peter.

—Hola, Peter. ¿Cómo le va?

—No tan bien como a usted —contestó señalando al grupo de personas que ya salían por la puerta del pub.

—¡Oh!, lo dice por ellos. Parece que son un grupo de amantes de la música.

—¿El señor tomará algo? —preguntó Tomy con su habitual ironía.

—No, gracias. No tengo sed y, además, debo irme en este preciso instante. Tengo algo de prisa y necesito caminar. A pesar de ser domingo, llevo todo el día sentado y en este momento mi cuerpo me está pidiendo a gritos que dé un paseo, así que, sintiéndolo mucho, tengo que dejarles, caballeros. Como siempre, ha sido un placer verles.

Charles les extendió la mano a los dos jóvenes y, tras despedirse, se dirigió hacia la puerta.

—¡Toma, Peter!, aquí tienes tu cerveza —exclamó Tomy intentando llamar la atención de su amigo, que permanecía inmóvil mientras observaba cómo se alejaba Charles.

—¡No, Tomy, gracias, he de irme! Discúlpame, es que tengo que hablar urgentemente con él —respondió Peter mirando a su amigo mientras se dirigía hacia la salida de forma apresurada.

—¿Pero se puede saber qué te pasa? —gritó Tomy desde el otro lado de la barra, sosteniendo la jarra de cerveza en la mano.

—¡Charles, Charles! —gritó Peter ya en la calle, en un intento por llamar la atención del pianista.

—Dígame —contestó el caballero tras detenerse y girarse hacia Peter.

—Me preguntaba si le importaría que le acompañara en su paseo y así poder charlar un rato, tengo algunas cosas que contarle.

—Por supuesto, Peter, será un placer caminar con usted —contestó a la vez que le hacía un gesto para que ambos iniciaran la marcha—. Y dígame, ¿en qué le puedo ayudar?

—Sinceramente, Charles, creo que estoy empezando a obsesionarme.

—¿A qué se refiere?

—No lo sé. Desde que he empezado a leer el libro no paran de sucederme cosas. Aparentemente casualidades, pero en muchos casos tan disparatadas que se antojan imposibles de creer. Es como si hubiera una fuerza invisible que me conduce a los sitios. Otras veces se trata de pequeños detalles que conectan unos acontecimientos con otros, creando esa sensación de que algo hace que mi vida se esté moviendo de forma especial.

—¿Y…? —preguntó Charles.

—Pues ya no sé si es real o si es mi mente la que lo fuerza todo para hacerlo encajar. El hecho es que últimamente este tipo de sucesos me ocurren cada poco.

—¿Recuerda lo que le dije sobre que el libro actuaba como un catalizador? Eso es lo que le está pasando.

—Pero esto es de locos, Charles.

—Seguro que, dentro de unos meses, lo que hoy le parece de locos, lo considerará algo normal. Aprenderá a ver y a leer la vida de otra forma. Si además tiene un poco de valor y se deja llevar, empezará a saber y a recordar quién es.

—Pero es que es todo demasiado increíble como para asimilarlo con facilidad, ¿no le parece?

—Le comprendo, pero es normal. Hasta ahora estaba dormido y ha comenzado a despertar. Está empezando a ver las señales.

Ahora es importante que entienda que todos esos eventos a los que llama «casualidades» cumplen, sobre todo, dos funciones. En primer lugar, llamar su atención para que entienda que lo que le pasa es real, que está en el camino. En segundo lugar, actúan como señales que le indican la dirección, lo conducen a determinados lugares donde seguramente tendrá que tener diferentes encuentros con otras personas, con sus almas.

Tiene que empezar a ver la vida como un puzle en el que es necesario mover cada pieza al lugar exacto para que encaje con el resto. En muchos casos, esas casualidades son para colocarle en el lugar adecuado, junto a la siguiente pieza en «el puzle de su vida».

—¿Se da cuenta?, ¡es increíble lo que acaba de decir!

—No sé a qué se refiere, Peter.

—Eso, lo del puzle. ¿Acaso no sabe que una de mis aficiones son los puzles?

—Pues no, lo desconocía. Si le soy sincero, no me imaginaba que habría gente que siguiera utilizando ese tipo de juegos.

—Pues yo soy uno de ellos y apenas hace unas horas he comenzado uno nuevo, pero en fin, ahora lo que quiero es que escuche atentamente lo que le voy a contar y después dígame si no es para estar confundido.

—Soy todo oídos Peter. Cuénteme.

— Hace unos días encontré en la calle, por casualidad, un anuncio de una tienda de puzles que no conocía. Inmediatamente acudí a ella. De entre todos los cientos de modelos que tenían elegí el que más me gustó. En él aparecía una ilustración de una mujer muy bella con alas. Una especie de ángel o hada que portaba en una de sus manos una flor de pensamiento de color azul, amarillo y negro. Diez minutos más tarde, no muy lejos de allí, me llamó la atención el colorido de unas macetas que adornaban una ventana al otro lado de la calle y ahora escúcheme con atención.

—No puedo evitar hacerlo, me tiene usted en ascuas. Continúe por favor.

—Por increíble que parezca, en ese mismo instante, una flor idéntica a la del puzle fue arrancada de su maceta por el viento, atravesó volando la calle y acabó posándose sobre mi hombro. ¿Se lo puede creer?

—Me lo creo, Peter, claro que me lo creo.

—¡Ya, pero la cosa no queda ahí! A los pocos minutos, ya de regreso en el metro, deposité la flor aleatoriamente entre las páginas de un libro de Buda, que esa misma mañana me había regalado un compañero de trabajo. Bien, ¿dónde cree que fue a parar la flor?

—No tengo ni idea—contestó Charles sin pestañear.

—Pues justamente encima de unos versos que hablaban de lo importante que era prestarle atención a la esencia. ¡Qué casualidad! —exclamó Peter de forma irónica—, una de las últimas cosas que había leído en «El libro de iO» era un fragmento dedicado a la importancia de lo esencial. Se titulaba exactamente así: «La importancia de lo esencial». Por si fuera poco, y para rematarlo todo, ahora usted me pone de ejemplo la construcción de un puzle, que es lo que llevo haciendo en mi casa toda la tarde, ¡el puzle de la mujer alada y la flor de pensamiento! ¿Cómo lo ve?

—Pues muy claro, Peter, acabo de explicárselo. Le vuelvo a repetir que el libro es un catalizador. Ya le advertí que aparecerían señales y, como puede comprobar, más grandes de lo que podía esperar y antes de lo que imaginaba. Le aseguro que lo que le está pasando no es nada comparado con lo que le sucede a otras personas que han empezado su proceso de despertar como usted lo ha hecho.

—¿En serio que hay gente a la que le pasan más cosas que a mí?

—Se lo aseguro. Lo importante es que ha empezado a ver las señales que le marcan el camino. Está aprendiendo a leer el lenguaje sutil, pero no caiga en la trampa de darle demasiada importancia a las manifestaciones, sean las que sean y por mágicas o milagrosas que parezcan. No se quede con los fuegos artificiales, ni con aquellos que parece que los lanzan, o se quedará enganchado a los unos y los otros sin avanzar. Quédese con la esencia de esos acontecimientos, que no es otra que llamar su atención y guiarle.

—No es tan fácil, Charles. Una cosa es contarlo y otra muy diferente, vivirlo.

—Lo sé. Toda la gente que ha iniciado su proceso de despertar pasa por lo mismo. El problema es que, al principio, nadie cree que le puedan pasar estas cosas.

—Es normal, —contestó Peter— yo siempre creí que eso solo pasaba en los libros, en las películas…

—Dígame una cosa, Peter. Después de todo lo que le está pasando, ¿acaso duda de que sea real? Tómese unos segundos antes de contestar y hágalo después de mirar en lo más profundo de su corazón.

Peter perdió la mirada en ninguna parte durante un instante para enseguida ofrecer una respuesta.

—La verdad es que no necesito pensarlo mucho. Hay demasiadas evidencias como para no ser cierto y lo más sorprendente es la sensación de que no tengo el control sobre esos eventos. Suceden siempre de forma espontánea y en los momentos más inesperados. Pero, dígame, Charles, ¿cómo es posible, quién lo hace?

—Vamos, Peter, no me diga que a estas alturas no lo sabe. Enfréntese ya a esa realidad. Lleva sabiéndolo desde el momento que empezó a leer el libro. Estoy seguro de que en muchos instantes de la lectura se ha resistido a admitir de quién habla el libro, pero ahora está teniendo unas pruebas muy parecidas a las de iO. Está inmerso continuamente en el lenguaje sutil.

—¿Me está queriendo decir que quien me hace las señales es Dios?

—Ya sé que para usted es incomprensible. Posiblemente porque le resulte increíble que algo así le pueda pasar. Eso es justamente lo que hace que haya tan poca gente que llegue a tener esa experiencia.

—Vale, Charles, entiendo lo que dice. ¿Pero usted comprende lo difícil que es para alguien como yo asumir que estoy teniendo semejante experiencia? Explíqueme cómo puedo hacer para que me resulte más digerible.

—No es fácil, forma parte de su propia experiencia. Es muy difícil pronunciar la palabra Dios y no tambalearse. Esa palabra tiene un sinfín de connotaciones espirituales, místicas, religiosas. Es cuestión de alcanzar el grado necesario de madurez y discernimiento.

—Es cierto, pero no puedo evitarlo. Entenderá que no es fácil asumir todo lo que me está pasando y mucho menos sentir que yo formo parte de eso que llamamos Dios. Yo nunca he sido demasiado religioso, pero siempre he pensado que podría haber algo más allá y, de una u otra forma, he ido generando mis propias creencias. No me veo capaz de renunciar a ellas de un día para otro.

—No lo haga, Peter. Nadie se lo está pidiendo.

—¿Pero entonces?

—Sus creencias son y han sido perfectas, sean las que sean. Forman parte de su experiencia. Usted las eligió. No tiene por qué renunciar a ellas si le resulta incómodo. Posiblemente a partir de ahora le resulte más fácil entenderlas y con el tiempo trascenderlas.

Lo que le está sucediendo ahora va más allá de cualquier creencia, es una experiencia. Está viviendo su «experiencia trascendental» y es real. Se manifiesta en usted, en su vida. Está teniendo la oportunidad de cambiar la creencia en Dios por la experiencia de Dios. Seguramente no coincide en muchos aspectos con la visión mística o religiosa en la que hasta ahora lo habrá conceptualizado. Lo que le está ocurriendo es mucho más asequible y cotidiano. Es como si se relacionara con un conocido, con un amigo. Es algo natural.

—¿Pero por qué me pasa a mí?

—Bueno, creo que sería más correcto que se preguntara por qué no podría pasarle a usted. O mejor aún, por qué no le puede pasar a todo el mundo. Es muy importante que no se crea demasiado especial por lo que le está sucediendo, podría pasarle a cualquiera que quisiera tan solo con elegirlo. No lo viva como algo increíble y cada vez lo percibirá más como lo que es, algo real. No se sienta un elegido, no fuerce nada y podrá verlo todo con la perspectiva necesaria para integrarlo como algo que forma parte de su vida, de su día a día.

—La verdad es que visto así es todo más fácil, pero sigo sin entender muy bien por qué me está sucediendo todo esto.

—Porque lo ha elegido.

—¿Por qué he elegido qué?

—Despertar, recordar y renacer.

—¿Despertar de qué?

—De su adormecimiento, de su alma adormecida.

—¿Y a qué se refiere cuando dice que tengo que recordar?

—Cuando alguien despierta, una de las primeras consecuencias es que se activa el recuerdo.

—¿Pero el recuerdo de qué? No lo entiendo —inquirió efusivamente Peter, ansioso de respuestas.

—«El recuerdo de Dios», su relación con él antes de nacer, recordar «el plan» que trazaron para llevar a cabo a lo largo de su vida. Todo lo que le está ocurriendo forma parte de ese plan, todo está relacionado con recodar quién es usted y qué hace aquí, quién era antes de nacer y qué hacía allí. Recordar y reconocer las otras partes de usted: el alma, la conciencia, *el todo*.

—¿Y a qué se refiere con lo de renacer?

—Renacer en la conciencia. Saber que la conciencia existe, que es otra de sus esencias, su origen como individualidad, la parte de usted que está más cerca del *todo* o, si lo quiere ver de otra forma, *el todo* hecho parte, experimentándose como una individualidad, como algo singular en usted. El descubrir que eso es así, es lo que podríamos llamar renacer en la conciencia. Es una forma de expresarlo. El despertar en el alma y el renacer en la conciencia son algo parecido a una gran noticia. Aquella que de repente le revela la verdad sobre su vida.

—¿Sabe, Charles? Lo más curioso de todo lo que me está sucediendo es que en muchos momentos tengo la sensación de que mi vida es como una gran ilusión. Como si estuviera viviendo dentro de una especie de ensoñación. No sé si me comprende.

—Por supuesto que le comprendo. Yo también comparto esa sensación de que somos una especie de proyección de algo o de alguien. Vivimos en un entorno en el que todo nos parece real, pero no tenemos ninguna posibilidad de demostrar que no sea una mera proyección de una realidad superior a la que, en principio, no tenemos acceso.

—Es cierto, es como si estuviéramos dentro de una encrucijada.

—Sí, pero imagínese por un momento que un día llega alguien y le desvela que la realidad no es exactamente como usted la contempla. ¿Qué pasaría si ese alguien le explicara que usted es un personaje de un libro?, que forma parte de una historia y que, por muy real que le parezca todo lo que le rodea, todo lo que le pasa, es una especie de ilusión, de proyección, un universo creado para que su escritor se experimente a través de todos los personajes y todo el entorno que aparece en el relato. ¿Cómo se lo tomaría, Peter?

—Hombre, si eso ocurriera, le diría a esa persona que está loca, que no es posible.

—¿Está completamente seguro de que podría afirmar que usted no es un personaje de un libro?

—Por supuesto. Tengo una vida, una historia. Vivo aquí, todo lo que me rodea es real. Usted, Tommy, esta ciudad, el banco en el que trabajo... Todo se puede tocar, se puede comprobar.

—Me temo que no es tan fácil, querido amigo. Perfectamente usted y yo podríamos ser los protagonistas de una historia. Podríamos estar siendo pensados y vividos por alguien. Le aseguro que cabría la posibilidad de que fuéramos una forma de experimentación de un escritor y que nosotros no lo supiéramos. ¿Recuerda lo que le expliqué sobre los sistemas?

—Sí, lo recuerdo. Me dijo que nosotros vivíamos en un sistema que era el universo físico, que, a su vez, estaba contenido dentro de otro sistema al que llamábamos «universo trascendental». Me quedé, sobre todo, con la idea de que desde dentro de nuestro sistema no podíamos contemplar toda la realidad, qué tendríamos que salirnos fuera de él para tener la perspectiva suficiente.

—Correcto. Pues estaríamos en el mismo caso.

—¡Pero eso es incomprensible, Charles!

—Seguramente para usted y para mí, sí, porque estamos dentro del sistema, pero no tendría tanta importancia el que pudiéramos comprenderlo, o no, si tuviéramos alguna muestra de que eso es así. Si tuviéramos alguna señal que constatara que lo que le digo es cierto. La forma de entenderlo todo sería diferente para usted si a pesar de no poder acceder al universo trascendental, pudiera apreciar sus manifestaciones.

—No alcanzo a entender cómo sería eso posible, se está poniendo demasiado filosófico.

—Lo sé, pero es importante que me siga. Dígame algo de lo que hayamos hablado o que haya leído en «El libro de iO» que le genere dudas o no tenga muy claro.

—Déjeme que piense… Sí, ya lo tengo. Todo lo que me ha explicado sobre «el despertar» me llama la atención mucho, y también me parece muy interesante un pasaje que leí referido a la luz.

—Bien, Peter. Ahora imagínese que nuestro escritor decide que en el siguiente capítulo de su vida suceda un acontecimiento relacionado con «el despertar y la luz».

—¿Pero un acontecimiento de qué tipo?

—Pues un acontecimiento parecido a todo lo que le está sucediendo, una de esas casualidades como las que está viviendo, pero todavía más explícita, que relacionara de forma muy directa lo que hemos hablado y lo que ha leído o va a leer en «El libro de iO». Podría tratarse de cualquier «casualidad» que relacionara el despertar y la luz con su vida de forma inequívocamente clara. Si eso ocurriera, seguramente todo lo que le he explicado y lo que ha leído adquiriría un valor especial para usted, se convertiría en una certeza, ¿no?

—Vale, se refiere a eso… —respondió Peter, a la vez que volvía a forzar un alto en el camino—. ¡Sí, claro! Con una señal así todo sería diferente, pero esas cosas solo pasan en las películas o en las novelas. Además, yo no puedo hacer nada para que eso suceda.

—Sí puede.

—¿Cómo?

—Pídalo.

—¿Que lo pida?

—Sí. El día que le conocí estaba buscando respuestas, ¿no es cierto?

—Lo es.

—Y ha empezado a obtenerlas, ¿verdad?

—Desde luego.

—Bien, entonces pida una señal que le confirme que lo que le acabo de explicar es cierto.

—¿Una señal?

— Sí, una señal. Pídala ya.

—¿Ahora? —respondió el joven extrañado

—Sí, ahora. ¿Tiene algún motivo para no hacerlo?

—La verdad es que no.

—Pues venga, hágalo.

—¿Y cómo he de hacerlo?

—Tiene que desearlo de verdad. Colóquese la mano en el corazón e intente sentirlo como si ese deseo estuviera dentro de él. Eso le puede ayudar. Hágalo.

Peter se colocó la mano en el corazón, cerró los ojos sumiéndose en un silencio y en apenas un instante recuperó la compostura.

—¡Ya!, hecho.

Bueno, creo que ya ha sido suficiente por hoy —exclamó el joven, a la vez que detenía su caminar—. No quiero hacerle perder más tiempo. Sé que tiene prisa.

—Lo siento, Peter. Tengo la impresión de que no he sido capaz de despejar sus dudas, pero comprenderá que yo tampoco tengo todas las respuestas. Estoy dentro del sistema.

—¡Oh!, no, por favor. No me diga eso. No sabe cuánto me está ayudando. Todo lo contrario, gracias a usted estoy descubriendo cosas que jamás hubiera conocido si no se hubiera cruzado en mi vida. Es solo que no acabo de ver la luz.

—Tranquilo, Peter, estoy convencido de que está muy cerca.

—¿Muy cerca de qué?

—De conocer la luz, de sentirla, de iluminarse.

## Capítulo 8

## PETER DESCUBRE CÓMO
## SABER QUIÉN ES ÉL

Tras despedirse de Charles, Peter caminó hacia su casa con la mirada perdida en el asfalto, observando de soslayo el movimiento de sus pies. Entre paso y paso intentaba ordenar en su mente toda la información que había recibido.

Nada más entrar en su casa sintió que tenía hambre, apenas si había probado bocado en todo el día, así que se puso a cocinar algo ligero.

Una vez sació su apetito, se dirigió hacia la mesa donde había comenzado la construcción de su puzle. Permaneció unos instantes contemplando todas las piezas que había colocado alrededor de la flor de pensamiento. Aunque no eran muchas, cada vez que se concentraba en ellas podía visualizar la imagen entera sin mirar la ilustración que había colocado enfrente. Esto le permitía saber que ya tenía toda la imagen en su mente. Era como si todas las piezas estuvieran memorizadas en su cabeza y, a partir de ahí, podía disfrutar de la construcción de aquella creación colocándolas una a una.

Ese último pensamiento lo conectó con todo lo que le había explicado Charles durante el paseo nocturno y también con la necesidad de continuar con la lectura de «El libro de iO».

### EL LIBRO DE iO

*T*ranscurría el tiempo y la vida de iO *seguía su cauce al lado de la naturaleza, trabajando en el campo y cuidando de los animales.*

*En sus ratos libres alternaba la escritura de poesías con su nueva pasión: hacer música con la sansula.*

*Se pasaba las horas entretenido con las melodías que creaba ayudado por aquel pequeño instrumento. Caminaba con él, engarzándolo con las manos sobre el pecho para sentir sus vibraciones más cerca del corazón.*

*Durante un largo periodo de tiempo, dejó de recibir dictados. Había desarrollado la capacidad para saber que solo debía hacerlo cuando recibía la llamada para tal menester. Había aprendido a distinguir cuándo esa misma llamada le guiaba a través de manifestaciones del lenguaje sutil y sus manifestaciones en la naturaleza. Así, una tarde aprendió a recibir la luz a través de los árboles observando los rayos del sol tras las ramas de un árbol, cuya frondosidad ocultaba el disco solar; esto le permitía mirar el sol sin dañarse la vista. Tan solo observaba los haces de luz que, al atravesar las ramas, formaban una especie de aureola multicolor fruto de la difracción de la luz.*

✳✳✳

Al leer este párrafo, Peter no pudo evitar que apareciera en su mente lo ocurrido en Hyde Park. Entendió que no había sido casualidad adentrarse en aquel círculo de árboles. Tampoco debió de serlo que se situara frente a uno de ellos para observar el sol a través de sus ramas, tal como se describía en el último párrafo que acababa de leer. Recordó que se había dejado arrastrar por una especie de impulso, como si alguien lo hubiera cogido de la mano para situarlo frente al árbol tras el cual se encontraba el sol.

Por un momento, Peter se sintió abrumado por todo lo acontecido; demasiadas casualidades, demasiadas emociones juntas. ¿Cómo era posible que poco después de vivir esa situación se la encontrara escrita en «El libro de iO» de forma tan similar?

El joven necesitó un tiempo de reflexión antes de continuar leyendo, en un intento por ordenar toda la vorágine de ideas y sentimientos que le acechaban.

✳✳✳

*Tras unos instantes contemplando los rayos del sol, tras aquel árbol, la mente de iO se apagó y se encendió su corazón, llevándole al entendimiento, a la comprensión y a un profundo conocimiento sobre sí mismo y todo lo que le rodeaba.*

*Pronto se hizo presente un recuerdo de cuando era niño y jugaba en el bosque que había junto al río.*

*Recordó aquellos tiempos en los que, arrastrado por la curiosidad se subía a los árboles para observar los rayos del sol a través de las ramas. Fue en ese instante cuando entendió que nada había sido casualidad, que la necesidad de acudir todos los días a jugar en ese bosque era algo más que una forma de divertirse. Había sido necesario acudir allí para tomar la luz tal y como ahora lo estaba haciendo, con la misma inocencia de aquel niño.*

*Llegado el verano, acudió a bañarse al río del pueblo de su madre. Era algo que había hecho desde niño con su familia. El lugar estaba apenas a unos doce kilómetros de su casa. Se trataba de una playa fluvial a la que acudían a bañarse la gente de los alrededores seducidos por las aguas cristalinas y la belleza de la arboleda que la rodeaba.*

*Al caer la tarde, iO se sentó sobre las raíces de un viejo árbol y, apoyando su espalda en el tronco, se quedó mirando con atención los destellos de luz que se reflejaban sobre la superficie del río. El sol estaba a punto de ponerse y la inclinación de los últimos rayos hacía que estos produjeran un espectacular baile de centelleos sobre la superficie del río, como si se tratase de una alfombra lumínica. Era como si las estrellas del cielo nocturno hubieran descendido sobre la corriente titilando de forma escandalosa.*

*Transcurridos unos instantes, la danza de luz cesó porque el sol se ocultó.*

*A partir de entonces, iO empezó a tomar con frecuencia la luz reflejada en las aguas de un río, de un lago o del mar y, por supuesto, también a través de los árboles.*

*Día a día, mes a mes, año tras año el joven continuaba recibiendo información cada vez más trascendente, cada vez más profunda.*

# Vuestra información está en la luz del sol y en la luz que envuelve a la luz

La conciencia individual utiliza la luz del sol para experimentarse en el universo físico y en vuestra vida. La forma más directa para que vuestra conciencia se conecte con vosotros es a través de la luz física que lo inunda todo. Pero ya sabes que hay otra luz que envuelve a esa luz. Es la que llamamos luz trascendental. ¿La recuerdas?

—*Sí. Me explicaste que el alma y el universo de las almas estaba hecho de esa luz.*

Todo vuestro universo ha sido creado y modelado por la luz trascendental, esa es una de sus propiedades, modela la luz y la energía del universo físico.

Con esa misma luz se creó y se sigue creando también la vida, así como las vidas de todos los seres humanos y las de todos los seres vivos.

Cada vez que una conciencia individual decide experimentarse en el universo físico como un ser humano, utiliza una chispa lumínica de luz trascendental, un alma.

Antes de la concepción, la conciencia concentra la luz en el óvulo de la madre, esa luz tiene un código que convierte al óvulo en una especie de baliza para que un espermatozoide concreto se sienta atraído por él. Así se produce el encuentro y la fecundación. A partir de ahí «se dará a luz» un nuevo ser humano y la conciencia podrá experimentarse en la vida de la persona que nacerá en el espacio y en el tiempo.

—*¿Entonces mi alma existía antes de que se creara mi cuerpo?*

Así es, el alma es un individualizador de la luz, una especie de envoltorio de luz trascendental de cada ser humano. Gracias al alma, la conciencia permanece conectada en todo momento con el cuerpo de la persona, por un lado a través de la luz trascendental del alma y por otro mediante la luz que emite el sol.

El alma hace de estado intermedio entre la conciencia y el cuerpo, permitiendo que la conciencia pueda ver lo que tú ves, de alguna manera sentir lo que tú sientes y estar conectada contigo continuamente. Esa es la función de la luz trascendental, hacer de puente entre el universo físico y el universo de las conciencias.

## La luz trascendental siempre envuelve a la luz física. La una no puede ser sin la otra

—*¿Eso significa que el universo trascendental siempre está en contacto con el universo físico?*

Así es. Tenéis que ver la luz que os rodea como una sustancia que interconecta todo con todo, es algo real.

Una vez creada el alma, la conciencia se aloja durante la vida de la persona en el interior del sol para modular la luz que este emite y codificar información en ella. Esa es la mayor propiedad de la luz del sol: puede ser codificada por la conciencia.

## La luz del sol puede ser codificada por la conciencia

—*¿Quieres decir que la conciencia individual se puede comunicar con la persona en la que se está experimentando, enviándole información a través de luz del sol?*

Sí, eso es. Este hecho es fundamental, pues implica que algo que se ha originado en el universo trascendental se materializa en algo físico en vuestro universo, se hace real para vosotros, «se realiza».

Cada vez que la conciencia quiere producir un acontecimiento en la vida del ser humano en el que se está experimentando, lo que hace es codificar en una porción de luz solar la información concreta para que se produzca ese acontecimiento. Esa porción de luz que porta la información se emitirá desde el sol y llegará al entorno del cuerpo de la persona.

—*¿Podrías ponerme un ejemplo de un acontecimiento concreto?*

Tantos como suceden continuamente en vuestras vidas. Cambiar de trabajo, emprender un viaje, oler una flor, conocer a una persona, experimentar el amor y el dolor, la alegría y la tristeza, la separación y la unión, el paso del tiempo, el movimiento por el espacio. Todas y cada una de las cosas que hacéis, y que decís, que sentís y qué vivís.

Cada acontecimiento de vuestras vidas es regulado por la información que recibís de vuestra conciencia a través de la luz.

—*¿Y cómo le llega a la persona la porción de luz solar que contiene la información?*

El sol irradia su luz en todas las direcciones, pero la porción de luz que porta la información para la persona concreta es atraída hacia su cuerpo gracias a la luz trascendental de su alma. Esa es una de las propiedades de la luz del alma, tiene la capacidad de atraer a la luz física.

## La luz trascendental

## atrae a la luz solar

—*¿Pero cómo sabe el alma que tiene que atraer cierta porción de luz hacia ella?*

La misma información que se emite hacia el ser humano a través de la luz solar, también se emite hacia el alma a través de la luz trascendental, pero con una diferencia de tiempo. La luz del sol alcanza a la persona en aproximadamente ocho minutos, el tiempo que tarda en viajar un rayo de luz desde el sol hasta la Tierra. Mientras que el alma, recibe la luz trascendental que emana de la conciencia en tan solo ocho segundos.

—*Entiendo, cuando llega la luz del sol al cuerpo de la persona, su alma ya tiene la información para atraer la porción de luz en cuestión. Podríamos decir que ya sabe lo que tiene que hacer.*

Esa forma de expresarlo es bastante correcta.

—*¿Y por qué la conciencia individual utiliza la luz del sol, no puede estar conectada directamente a nosotros?*

En cierta manera sí, y así lo hace, pero utilizar la luz del sol le permite alargar la experiencia recreándose en el espacio y el tiempo. La conciencia individual se sirve de la luz solar para recorrer el espacio que hay entre el sol y la persona en la que se está experimentando en la vida; ese espacio tarda en recorrerse un tiempo de ocho minutos.

—*Bien, eso puedo entenderlo, pero lo que no acabo de comprender es cómo es posible que la información que viaja a través de la luz le llegue a las persona.*

## El ADN es la antena que recibe, transmite y traduce la información

Vuestro corazón es como un pequeño sol en el que se concentra la luz trascendental del alma. Una parte de esa luz trascendental os envuelve por fuera y otra os inunda por dentro, creando un toroide que no para de girar desde vuestro interior hacia el exterior.

Siempre estáis rodeados por la luz que emiten el sol y las estrellas, esta luz os envuelve, os penetra y no solo lo hace a través de los ojos. Todos los órganos de vuestro cuerpo, poseen unos pigmentos que permiten captar una parte de la radiación solar, facilitando que esta penetre en el interior de las células hasta llegar al ADN. Este último, no solamente funciona como portador de la información genética; las hélices que forman el ADN se comportan como auténticas antenas receptoras y emisoras de la información que se recibe y emite a través de la luz.

—*Es decir, que además de recibir información de la conciencia a través de la luz, ¿también tenemos capacidad de enviar información hacia la conciencia a través de la luz?*

Esa es la clave, a diferencia de la luz física que se emite en un solo sentido, desde el sol hacia la persona, la luz trascendental lo hace en infinitos sentidos, por lo que también se puede emitir desde la persona hacia el sol.

—*Creo que hasta aquí lo he comprendido todo, pero no acabo de entender cómo se concreta la información en la persona, una vez que ha llegado al ADN.*

El ADN interviene también como traductor de la información codificada en la luz. Esta última es captada por sus hélices y trasmitida al resto del organismo haciendo que se exprese en tu cuerpo en forma de emociones y en tu mente como pensamientos. A eso es a lo que llamáis deseos; un pensamiento con una fuerza tan extraordinaria que se siente en el cuerpo.

## Las emociones y los deseos son el resultado de la información

Los deseos generan sentimientos porque son pensamientos que se sienten. La parte mental de un sentimiento son los pensamientos y la parte corporal son las emociones, las manifestaciones físicas que se expresan en el cuerpo. Cuando sumamos un pensamiento y una emoción, el resultado es un sentimiento.

Las emociones son la guía del alma. Es una de las formas que la conciencia y el alma tienen de comunicarse contigo. Si algo te hace sentir bien, estás en el camino correcto, si algo te hace sentir mal, no sigas por ese camino aunque tu mente te diga lo contrario.

### Los deseos son los motores de vuestra vida

—*¿Eso quiere decir que cuando yo tengo un deseo muy fuerte en realidad es una información que me llega desde la conciencia?*

Sí, pero con ciertos matices.

Es necesario que aprendáis a diferenciar los deseos del alma de los deseos de la mente y también de los producidos por los instintos básicos como son el deseo de comer, el deseo sexual o el deseo del poder, entendido este último como la necesidad de imponerse a los demás. Cualquiera de estos tres tipos de deseos está relacionado con el instinto de supervivencia.

—*Nunca pensé que el ansia de poder fuera un instinto básico.*

Es una manifestación del miedo. Todo lo relacionado con el miedo tiene que ver con respuestas básicas como el ataque, la sumisión o la defensa.

—*Pero en cualquier acontecimiento o evento de la vida de alguien suelen participar otras personas, a veces para que se produzca una acción determinada es necesaria la participación de mucha gente.*

Así es. Para ello, el proceso de recepción de información a través de la luz solar se replica en cada una de las personas que forman parte de un acontecimiento concreto. Así, a cada uno de ellos le llegará la porción de luz con la información correspondiente.

Todo forma parte de un plan establecido por la conciencia para experimentarse en la vida de un ser humano o de varios, y para que este plan se cumpla en cada momento es necesaria la intervención de otro elemento importante: la conciencia intermedia.

## *La conciencia intermedia*

iO *dejó de escribir y se quedó reflexionando durante un instante.*

—*¿Conciencia intermedia?, creía que solo existía la conciencia individual y la conciencia del todo.*

Esta es una conciencia que se comporta como ambas y además las conecta.

La conciencia intermedia tiene la esencia del todo y de las partes. Es lo que une a las partes para formar el todo. Es como un aglutinante que interacciona con todo lo que existe y se puede mover entre todos los sistemas. Cuando adopta la esencia del todo es lo que tradicionalmente llamáis el espíritu de Dios, la presencia de Dios, la gracia.

Ahí, en ese estado intermedio, es donde se codifica la información que se transporta a través de la luz física. Eso se hace a través de la intención, de mi intención, de vuestra intención. Ahí es donde se produce el trasvase de información que circula en ambas direcciones. Esa zona es el puente entre el mundo físico y el real, entre la ilusión de la materia y la realidad de lo eterno y lo infinito.

—*¿Y dices que también puede adoptar la esencia de las partes?*

Sí, eso he dicho.

—*Y cuando es así, ¿cómo se denomina?*

Sigue siendo la conciencia intermedia aunque te resultará más fácil entenderlo por el nombre que han utilizado la mayoría de las tradiciones religiosas y espirituales. Me refiero a los ángeles.

—*¿Has dicho «ángeles»?*

Sí.

—*¿Entonces existen?*

Existen.

—*¡Vaya!, la verdad es que siempre los he visto como algo mitológico, fantástico, una especie de seres celestiales con alas y mucha parafernalia.*

Eso es lo normal. Se ha intentado representarlos de muchas maneras, tantas como al «Espíritu de Dios». El arte ha hecho lo que ha podido llenándolos de túnicas, alas y demás elementos. Pero a eso no debes darle demasiada importancia.

Lo realmente trascendente es que entiendas que se trata de otra forma de experimentarme. Ellos son otro estado intermedio, el que más cerca está energéticamente de vosotros. El contacto con ellos es más fácil cuando estáis rodeados del mundo vegetal, de una planta, de un árbol. Su energía y su forma de gestionar la luz sirven de puente.

Los ángeles también están hechos de luz trascendental, pero, a la vez, tienen otra parte que los conecta directamente con vuestra conciencia individual y con la conciencia del todo. Eso es lo que los diferencia de las almas. Tienen una línea directa y consciente con vuestra conciencia y con la mía.

Los ángeles son el estado intermedio entre las conciencias y las almas, con capacidad además de servir de puente entre estas y las personas. Son una especie de conectores entre la conciencia, el alma y la materia que tienen la propiedad de hacerse más o menos densos en función del universo al que se acerquen.

Ellos pueden jugar con los dos tipos de luz en función de la intención de la conciencia, de vuestra conciencia, de mi conciencia. Ellos podrían materializarse, aunque no suelen hacerlo. Es más fácil verlos como destellos o en algún tipo de manifestación lumínica.

Las conciencias son esencias puras. Las almas están hechas de la luz que envuelve a la luz física y los ángeles pueden acercarse tanto a un extremo como al otro. Pueden, incluso, llegar a influir en la materia, rozarla, soplarla, susurrarla, acariciarla, moverla, transformarla, alterar su estructura molecular, producir cambios en el ADN.

Los ángeles se mueven entre el pensamiento. Lo leen y lo escriben. Son parte de él en muchos momentos. Son el pegamento que une la luz física con la luz trascendental. Son otro tipo de luz, y eso les permite interactuar con todo, crearlo todo, modelarlo todo.

\*\*\*

Tumbado en la cama con el libro entre las manos, Peter estaba impresionado por todo lo que acababa de leer y a la vez muy motivado. Pero pensó que sería mejor dormir; de lo contrario, al día siguiente lo pasaría mal en el trabajo. Justo en ese momento apareció de nuevo en su mente la imagen de Sandy en el parque. Su corazón se encendió de inmediato, apareciendo una extraña sensación de plenitud albergada por la esperanza de que se hubiera abierto una puerta hacia el cumplimiento de uno de sus deseos: conseguir la mujer de sus sueños.

Con la mente impregnada de Sandy y el corazón ardiendo, todavía tuvo que transcurrir un buen rato hasta que logró conciliar el sueño.

Al día siguiente se levantó con más ilusión que nunca por ir al trabajo, y así lo hizo. Más elegante de lo normal, más peinado y perfumado que cualquier otro día, y con una sonrisa tan grande que su rostro resplandecía de forma especial. Así se dirigió al banco con un cóctel de pensamientos en los que se mezclaban «El libro de iO» y la dulce Sandy.

Desde el primer día, cada vez que se acercaba a Sandy el corazón le daba un vuelco. Pero lo que sentía ahora era diferente a cualquier otra emoción. Nunca había experimentado nada así y además sabía lo que le estaba sucediendo. Era consciente de que hasta ese momento los sentimientos de amor hacia la joven habían estado dominados por el miedo al fracaso. Esto había hecho que jamás hubiera llegado a tomar ningún tipo de iniciativa al respecto, pero ahora eso había desaparecido y su pecho estaba a punto de estallar.

Imbuido por esa sensación, Peter cruzó la puerta del banco de forma diferente al resto de los días.

Nada más entrar en la oficina, saludó con una mirada fulgurante a todos sus compañeros y, sin mediar palabra, se sentó en su puesto. Nadie dijo nada especial ni hizo ningún comentario. Sin embargo, las miradas, aunque disimuladas, dejaban entrever cierto aire de sorpresa en todo el equipo.

Llegada la hora del almuerzo, y para asombro de todos, Sandy hizo lo que nunca antes había hecho. Se acercó a la mesa de Peter para conversar con él.

—Hola, Peter, ¿cómo te va?

—¡Oh, muy bien, Sandy, muy bien!

—¿Sabes?, no he hecho otra cosa que pensar en lo que me contaste el otro día. Me pareció muy interesante lo que hablamos y, la verdad, fue un encuentro especial, sobre todo por el lugar en el que se produjo. Te parecerá una tontería, pero desde entonces tengo la sensación de que no ha sido algo baladí. Creo que ha ocurrido por algo. No sé muy bien por qué, pero presiento que es así.

—¡Sí, claro, por supuesto! —replicó de inmediato Peter—. Todas las cosas suceden por algo, seguro. Tampoco es casualidad que hayas elegido este lugar para trabajar, ni que hayas conocido a cada una de las personas que estamos aquí, pero tan importante como «el porqué» de las cosas es «el para qué» de las mismas.

—¿Qué quieres decir?

—El porqué de algo te conecta con el origen de ese algo, con la esencia de la que procede, y el para qué te lleva al resultado, a la función para la que ese algo existe. El encuentro del otro día tiene un porqué y un para qué. Todo en la vida lo tiene. No hay nada que escape a ello, hasta el más sutil de los movimientos del aire guarda un porqué y un para qué.

—¡Caray, Peter, cuánta sabiduría en tus palabras! —apuntó Sandy mientras dejaba entrever la admiración en su rostro— Lamento mucho que llevemos tanto tiempo sin descubrirnos el uno al otro habiendo estado tan cerca.

—No lo lamentes en absoluto, Sandy. Todo tiene que pasar cuando llega el momento. Será que este es tu momento, nuestro momento…

—¡Disculpad! —interrumpió el señor Sullivan—. No quisiera cortar la conversación, Peter, pero si no nos vamos ya es posible que nos quedemos sin almuerzo.

—Sí, claro, Sullivan —exclamó Sandy mientras daba un paso atrás haciendo ademán de retirarse —. Ha sido un placer mantener esta conversación, Peter, y me encantará continuarla en otro momento.

—Por supuesto, Sandy, cuando quieras. Siempre es un placer hablar contigo.

Tras las últimas palabras, Sandy se retiró hacia su puesto de trabajo y los dos compañeros se fueron a almorzar.

Mientras Sullivan hablaba sin parar sobre el último cliente que acaba de atender en el banco, Peter no dejaba de pensar en la conversación que acababa de mantener con la mujer de sus sueños. Aunque durante toda la disertación se había mantenido especialmente tranquilo, ahora su corazón palpitaba acelerado. Se sentía abrumado por la reacción que había sido capaz de tener frente a la joven. Le costaba entender cómo había podido decir todo aquello y, sobre todo, la seguridad que había mostrado en todo momento.

Entretanto, Sullivan continuaba con su monólogo y, tras cruzar la calle, Peter fue asaltado por una persona que repartía panfletos publicitarios en la acera. Tras ofrecerle uno, lo tomó entre sus manos parándose en seco tras leer un texto que rezaba: *¡Despierta, ha llegado la hora de tu iluminación!*

—¡No me lo puedo creer! —exclamó Peter con asombro.

—¿No te puedes creer el qué? —preguntó el señor Sullivan mientras miraba el rostro estupefacto de Peter.

—El mensaje.

—¿Qué mensaje? No sé de qué me hablas, Peter. Aquí no hay ningún mensaje. Esto es un anuncio de una tienda de bombillas y artículos de iluminación que inauguraron la semana pasada. Está a dos manzanas, y yo mismo he ido a comprar un par de focos porque durante todo este mes tienen un descuento del cincuenta por ciento con motivo de la inauguración. Lo ves, aquí lo pone muy clarito: *«oferta especial en todas las bombillas y accesorios. Todo al cincuenta por ciento durante este mes»* —exclamó Sullivan contrariado.

—No lo entiende. Él me dijo que iba a recibir un mensaje relacionado con mi despertar y con la luz, y aquí está, acaba de pasarme tal y como él dijo.

—¿Pero quién es él?

—¡Charles, el pianista!

—Vamos Peter, no sé muy bien de qué me hablas, ¿pero no crees que estás llevando las cosas demasiado lejos?

—No, Sullivan. Si supiera todo lo que me está pasando últimamente, no se lo creería, pero mejor dejémoslo ahí, no tiene importancia.

Peter se quedó callado mientras se guardaba el papel en el bolsillo, a la vez que su rostro se mostraba contrariado y desconcertado.

—Pero si tan solo es un folleto publicitario —replicó de nuevo su compañero de trabajo.

—Mire, Sullivan, si no le importa, hoy preferiría no almorzar en el restaurante. Estoy un poco saturado de ese tipo de comida. Preferiría dar un paseo y despejarme un poco. Creo que lo necesito. Vaya usted, no se preocupe. Yo compraré algunas manzanas en la frutería de la esquina.

—Vaya, Peter, siento si te he ofendido.

—En absoluto, de verdad, es tan solo que necesito estar un rato solo. Últimamente mi vida está girando demasiado deprisa.

—Ya lo veo. Bueno ya me contarás lo de la rubita... —añadió Sullivan mientras le daba una palmada en el hombro a su compañero.

Peter ni siquiera se molestó en comprar comida para el almuerzo. Estaba tan alterado por todo, que se dedicó a caminar sin rumbo hasta que llegó el momento de regresar al banco.

Al terminar la jornada laboral, se dirigió a su casa por el camino de siempre. Su mente era un auténtico hervidero de pensamientos entremezclados, aunque los que más prevalecían eran los dedicados a Sandy. Peter no hacía más que darle vueltas a la conversación que había tenido con ella. Se preguntaba si la joven le había insinuado su deseo de quedar con él para continuar con sus conversaciones. De ser así tenía la disculpa perfecta para llamarla y quedar con ella. No obstante, era incapaz de evitar que en su mente emergiera una vez más el temor al fracaso , el miedo a que las cosas no salieran como esperaba.

En medio de toda esa vorágine y mientras caminaba, sonó su teléfono móvil, algo que no sucedía muy a menudo en la vida de Peter. Lo sacó del bolsillo y, tras ver que se trataba de un número desconocido, aceptó la llamada.

—¿Dígame?

—Hola, Peter, soy Sandy.

—¿Si... sa... Sandy? —tartamudeó Peter a duras penas mientras su corazón daba un vuelco convulsionando todo su cuerpo.

—Sí, Peter, disculpa. No sé si es un buen momento para llamarte. Me he permitido sacar tu número del listín del banco, espero que no te importe.

Peter, apabullado, respiró lo más profundo que pudo en un intento por controlar la situación y recuperar la calma antes de abrir la boca.

—¡Oh, no, Sandy!, no hay problema. Puedes llamarme siempre que lo desees, por supuesto. Dime, ¿puedo ayudarte en algo? —preguntó con la voz ya más calmada y el corazón todavía al borde del colapso.

—Bueno, en realidad, estaba pensando si te apetecería que nos viésemos para tomar algo. Como te dije esta mañana, me encantaría seguir hablando contigo. Todo lo que me cuentas es muy interesante y me hace sentir especialmente bien.

—¡Claro, claro!, lo entiendo. Para mí también es muy agradable conversar contigo —contestó el joven intentando ser lo más comedido y correcto posible, a la vez que realizaba verdaderos esfuerzos por controlar su nerviosismo—. Y dime, Sandy, ¿habías pensado cuándo y dónde quedar?

—Mañana a las cinco de la tarde, en un salón de té llamado Lady Gibson, en la calle Leo Fender 64. Está muy cerca de mi casa.

Peter se quedó petrificado ante la precisión y contundencia de la respuesta. Con la mirada perdida, sostenía el teléfono intentando tener la mejor respuesta posible. Buscaba y buscaba en lo más recóndito de su mente sin saber qué decir .Tan largo fue el silencio que Sandy no tuvo más remedio que intervenir de nuevo.

—Peter, ¿sigues ahí? Si no te viene bien, podemos dejarlo para otro día —propuso ella ante la falta de decisión al no obtener respuesta.

—La verdad es que preferiría que no quedáramos para tomar el té —contestó Peter con la voz más firme que nunca.

—¿Ah, no?

—No, Sandy —afirmó él lleno de aplomo y cierto aire de arrogancia—. La verdad es que preferiría recogerte en tu casa para llevarte a cenar a Ibanez. Allí sirven el mejor pescado de Londres y es famoso por sus postres. Después iríamos a Martin Blues, la sala de música en vivo más auténtica de la ciudad, donde bailaríamos rock & roll toda la noche hasta desfallecer. A continuación, daríamos un paseo a orillas del Támesis y acabaríamos desayunando en el aeropuerto de Heathrow viendo amanecer mientras despegan y aterrizan los aviones. Muerto de sueño te acompañaría a casa y, al despedirme, todavía no estoy seguro de si te daría un beso o no. Depende de cómo hubiera ido la noche. Pero lo que sí tengo claro es que no dejaría escapar la oportunidad de cerrar otra cita para el día siguiente y para todos los días de tu vida, uno tras, otro. Sí señor, uno tras otro hasta agotar la agenda de mi vida. Así que tú dirás qué quieres que hagamos: ¿cenar o tomar el té?

De nuevo se hizo el silencio. Peter permanecía inmóvil con cara de estupor por lo que acababa de ocurrir. Pero más que la respuesta de Sandy, lo que realmente le tenía estupefacto era todo lo que había salido de su boca y la forma en la que lo había dicho. Cualquiera pensaría que era un profesional de la seducción.

Apenas le dio tiempo a realizar un suspiro cuando al otro lado del teléfono se escuchó una carcajada.

—¡Ja, ja, ja! Eres increíble, Peter. Además de un genio, eres muy simpático y eso me encanta en un hombre…

—Entonces… ¿qué dices? —preguntó el joven con la voz temblorosa.

—La verdad es que tu plan es de lo más sugerente, aunque un poco precipitado diría yo, ¿no crees?

—Impulsivo, yo lo dejaría en impulsivo Sandy.

—¡Ja, ja, ja, cómo eres…! Me temo que mañana va a ser imposible cenar. La verdad es que tengo el tiempo muy justo. Debo entregar un trabajo de la tesis el próximo viernes y no lo llevo muy bien. Incluso he tenido que pedirle el resto de la semana libre a nuestro jefe. Siento de veras no poder dejar cerrada tu agenda, pero si te parece bien podemos empezar por tomar un té en la primera cita, ¿de acuerdo?

—Está bien, está bien, así lo haremos. Entonces te veré mañana.

—Hasta mañana, Peter.

—Hasta mañana, Sandy.

Nada más colgar el teléfono, Peter empezó a dar saltos de alegría en mitad de la calle, mientras reía y sonreía. No se lo podía creer. Era ella quien había llamado para concertar una cita, la primera cita, y mientras se moría de risa no podía dejar de gritar: ¡lo he hecho, lo he hecho! Se sentía abrumado por su comportamiento. Nunca en su vida había presentado tanta valentía ante algo. Nunca antes se había mostrado tan decidido.

Pasados los instantes de euforia, prosiguió rumbo a su casa con el paso acelerado, presa de la emoción que le invadía de los pies a la cabeza.

***

Al llegar a su casa, Peter intentó apaciguar el fulgor de su corazón y la ebullición de su mente. Intentó sumergirse en la construcción de su puzle, pero no había manera. No encontraba la forma de concentrarse en las piezas que debía buscar. Pensó entonces que sería mejor retomar la lectura de «El libro de iO» con la intención de calmarse un poco.

Todavía faltaban unas horas para ir a El Escocés, donde ansiaba encontrarse con Charles y ponerle al día de todos los últimos acontecimientos. Su vida estaba experimentando demasiados cambios y en su mente rondaba continuamente la idea de que todo tenía que ver con «El libro de iO». No podía evitar pensar en las palabras de Charles cuando le explicaba que el libro era una especie de catalizador capaz de producir cambios en la vida de aquellas personas que lo leyeran.

## EL LIBRO DE iO

*Con el paso del tiempo se fue incrementando cada vez más la pasión que iO sentía por la naturaleza y en especial por los árboles. Tanto era el amor que sentía por ellos que una noche fue testigo de su lenguaje. Pudo presenciar cómo se comunicaban entre ellos, los escuchó «cortecear»; tuvo que inventarse esa palabra para definir una especie de «criqueo» que brotaba de las cortezas de los troncos.*

*iO estaba tumbado sobre la hierba rodeado de álamos y de repente se hizo el silencio, como si todos los animales* del contorno se pusieran de acuerdo para callarse a la vez. A penas había pasado un minuto, comenzaron a oírse aquellos misteriosos «criqueos» con los que los árboles se respondían entre ellos desde diferentes puntos del bosque. Era como escuchar una conversación.

iO se sorprendió al oir cortecear a un árbol que tenía a menos de un metro. No podía creerlo, así que se acercó para comprobar que allí no había animal alguno del que surgiera semejante lenguaje. Entonces tuvo la sensación de que los árboles estaban hablando de él. Por un momento dejaron de comunicarse hasta que volvió a tumbarse y de nuevo surgió la conversación entre aquellos troncos gigantes.

Estas y algunas cosas más son las que el joven compartía con la naturaleza.

Desde hacía algún tiempo a iO se le había explicado que cuando una persona entra en un bosque, siempre hay un árbol que lo reconoce y lo espera. También supo que cualquier persona puede encontrar a su árbol en cada bosque, tan solo hay que adentrarse en un estado de calma hasta percibir la llamada del árbol.

A iO no le resultó difícil encontrar su árbol la primera vez que visitó el Bosque del Junco. Así es como llamaban a un castañal que había a la entrada de un pueblo que a iO le gustaba visitar. Nada más adentrarse en él, le llamó la atención una paloma que se posó en el árbol más alto. Enseguida las ramas del árbol empezaron a moverse de forma nada usual; parecía extraño, pues no hacía viento, más bien reinaba la calma. Fue como una especie de señal para iO, tras la cual enseguida percibió que estaba siendo pensado, vivido y abrazado.

Todo le recordaba a lo que le había sucedido con «la catalpa», aquel árbol que unos meses antes se había iluminado frente a él. De nuevo, sin esperarlo, de manera totalmente espontánea volvió a suceder.

De repente, de las ramas de aquel gigante surgió una emanación, una luminiscencia de color verde pálido. De inmediato aquel fenómeno envolvió por completo a todo el árbol y aquella iluminación se propagó de copa en copa, de árbol en árbol a todos los demás.

*Como si de un espectáculo cromático se tratase, se mezclaron el color plomizo de las ramas con el azul oscuro del cielo y el verde fosforescente que no dejaba de emanar de los árboles.*

*iO apenas respiraba para no perder la atención. Tan solo observaba aquel fenómeno lumínico que se propagaba en toda la arboleda, como una especie de formas reticulares, que poco a poco fueron adoptando la estructura de una gran cúpula.*

*Allí estaba él, siendo iluminado por aquel vergel de luz; contemplándolo un poco asustado. Se preguntaba si sería real lo que veía. Para comprobarlo se le ocurrió bajar la mirada al suelo y después perderla en el horizonte. A continuación se observó las manos antes de volver a mirar al cielo. Quería asegurarse de que no era una visión, ni su imaginación, sino su vista que, a través de los ojos, le permitía ver lo que veía.*

*Enseguida notó cómo una especie de fuerza pesada lo inundaba. Así permaneció hasta que con el sonar de unas campanas lejanas, la fosforescencia desapareció. Entonces, se dirigió al árbol gigante en el que todo había empezado. Se postró ante él, le dio las gracias, lo abrazó, lo besó y salió del bosque.*

*Una vez fuera dio un paseo por los alrededores en un intento por encontrar a alguien que hubiera visto lo mismo que él había visto, pero no fue así. Nadie había por aquellos lares, nadie pasó junto a aquel bosque, tan solo él y los árboles habían sido testigos de lo ocurrido, por lo que no le quedó más remedio que emprender el viaje de regreso a su casa sin poder compartirlo.*

***

Peter no pudo evitarlo. Al leer esta parte del libro le asediaba una duda. Todo lo que acababa de leer le resultaba demasiado fantástico, increíble. Necesitaba saber si habría algún resquicio de realidad en semejante relato. En el fondo de su corazón algo le decía que no lo dejara pasar, que se preocupara por saber si algo así podría ser verdad.

Hasta ahora todo lo que había leído en «El libro de iO» estaba cargado de coherencia, de sentido común, y aunque se trataba de un conocimiento profundo, no le resultaba extraño; pero esto se le escapaba, le parecía demasiado fantástico, irreal.

Durante todo el tiempo, mientras leía aquel texto, no podía evitar que en su mente apareciera la portada del libro que Sandy le había mostrado en el parque, «Fundamentos de la radiación solar».

Arrastrado por el impulso, Peter cogió el teléfono y, sin dudarlo más, marcó el número de Sandy.

—¿Sí, dígame? —preguntó la joven con su dulce voz al otro lado.

—Soy yo —contestó Peter, dubitativo. Por un momento pensó que no debía haberse tomado la libertad de efectuar esa llamada, pero ya era demasiado tarde, ella estaba esperando…

—¿Peter?

—Sí, hola, Sandy. Soy yo de nuevo.

—¡Vaya, qué sorpresa!

— Sí, bueno… —tartamudeó Peter—. No querría molestarte, pero es que estaba leyendo algo y… en fin, no lo entiendo y pensé que quizá tú…

—Ja, ja, ja —rio la joven al sentirlo tan nervioso—. Tranquilo, ¿en qué puedo ayudarte?

—¿Recuerdas el libro del que te hablé?

—Sí, claro, ¿cómo iba a olvidarlo?

—Bien, pues es que he leído algo que me ha parecido un tanto extraño y necesitaba saber si tú podrías aportarme alguna información al respecto.

—Por supuesto, Peter, pregúntame lo que quieras.

—El caso es que habla de la fosforescencia de los árboles y me gustaría saber si desde un punto de vista científico se sabe algo sobre esta cuestión.

—Lo entiendo, aunque no sé si podré aportarte mucho, pues apenas tengo algún conocimiento sobre ello —contestó Sandy amablemente—. La fosforescencia es un fenómeno natural. Tiene que ver con una propiedad que poseen ciertas sustancias para retener una parte de la luz que absorben y emitirla más tarde. Se aprecia más fácilmente en la oscuridad porque siempre la luz que emiten es menos intensa que la luz que absorben.

Con respecto a tu pregunta, lo único que sé es que tanto la fosforescencia como la fluorescencia están muy implicadas en la fotosíntesis.

En una ocasión tuve que realizar un trabajo y leí algo sobre la «emisión de la fluorescencia de la clorofila». Al parecer se produce cuando se devuelve al exterior una parte de la luz absorbida por los pigmentos de la clorofila en la fotosíntesis. Esto sucede cuando esa luz absorbida no es consumida en su totalidad en el proceso químico ni tampoco es disipada en forma de calor. Eso sí, tal y como te he dicho, la luz que emite la planta en esos casos es muy débil, pues es mucho menos intensa que la luz absorbida.

—¡Vaya, me dejas abrumado, Sandy!

—Tampoco es para tanto, Peter. Siento no poder decirte mucho más, pero la botánica no es mi especialidad. Pero dime, ¿por qué es tan importante para ti?

—Ya te lo contaré, Sandy, no quiero hacerte perder más el tiempo por hoy. Sé que estás muy ocupada con tus estudios. Hasta luego, Sandy.

—Tranquilo Peter, me gustaría mucho seguir hablando contigo, pero la verdad es que voy muy justa de tiempo, en cualquier caso me ha encantado que hablemos. Hasta luego, Peter.

Peter colgó el teléfono tras despedirse de la joven, y pasados unos instantes de reflexión, se sumergió de nuevo en la profundidad de la lectura.

## EL LIBRO DE iO

*A* iO *le costó entender la experiencia que había tenido en el Bosque del Junco.*

*Una tarde mientras pescaba en el río sintió la llamada. Inmediatamente soltó la caña, sacó su cuaderno y empezó a escribir sin oír.*

¿Por qué te inquieta tanto lo sucedido, iO?

—*Porque no lo entiendo.*

Fue un fenómeno natural. Tu pudiste comprobarlo. La luz que viste era real, no lo estabas soñando. Te sorprendería saber cuánta gente ha visto eso mismo o algo parecido y no lo han contado.

—*Eso me tranquiliza, pero creo que me ayudaría si me dieras algún ejemplo.*

Stonehenge,

—*¿Las piedras de Stonehenge?*

Sí. Allí nació y vivió una persona con una conciencia especial y muchos recuerdos de su origen. Se llamaba Omir y era muy parecido a ti. En un momento dado, como tú, recibió la iluminación, en su caso a través de un almendro. En aquel tiempo, ese lugar se encontraba circundado por bosques. Fue un proceso que tuvo mucho que ver con la capacidad de los árboles para gestionar la luz. Exactamente en el sitio en el que Omir recibió la iluminación fue donde más tarde se erigieron las piedras para señalar el lugar y el acontecimiento.

Hay mucha gente que cuando ha tenido esa experiencia se ha asustado, se ha ido y ha preferido creer que había sido algo imaginado o que no había visto lo que realmente había visto. Tú mismo lo pensaste el día que se iluminó la catalpa, ¿recuerdas?

—*Por supuesto ¿cómo se me iba a olvidar una cosa así?*

Es lógico. Para ti recibir la luz de esa forma es algo excepcional, porque no estás acostumbrado. Para la mayoría sería una milagro. Es como llamáis a todo aquello que no conseguís entender.

## Los árboles, el reino vegetal y sus misterios

Los árboles sirven de catalizadores de la luz. Son los guardianes y administradores de la energía del planeta. Por eso es imprescindible que veléis por ellos.

El mundo vegetal es el mayor experto en la gestión de la luz solar, pero, además, las plantas y los árboles también pueden «ver» la luz del alma. Donde vosotros veis oscuridad, una planta ve la luz trascendental. Esa capacidad para gestionar ambos tipos de luz es lo que hace que en los jardines, los parques y los bosques sea más fácil entrar en contacto con la conciencia intermedia.

Es importante que cuidéis del mundo vegetal, que tengáis plantas en vuestras casas y árboles en vuestro entorno. Es imprescindible que llenéis el mundo de árboles.

Tras las últimas palabras, iO supo una vez más, que el dictado había llegado a su fin. Recogió la caña, el cuaderno de poesías y tomó el sendero de regreso a  su casa.

Mientras caminaba intentaba reflexionar sobre toda la información que había recibido, pero a medida que lo hacía se iba apoderando de él un sentimiento de amor a la vida, que a cada paso que daba crecía y crecía, no dejándole pensar, pues la emoción le podía.

Al llegar a su casa no pudo evitar coger entre las manos su cuaderno de poesías para expresar en unos versos aquello que sentía.

## A mi vida bella

Cuán bella es la vida
cuán bella es la mía,
a pesar de la dureza
con la que a veces me castiga,
a pesar de la tristeza
y los momentos de agonía,
que llegan sin avisar
a traición y por la espalda;
parándome el corazón,
dejándome la sangre helada.

Cuán bella es la vida
cuán bella es la mía,
que puedo seguir viviendo
contemplando su algarabía
y el misterioso sortilegio
de renacer cada día
tras pasar la madrugada
en brazos de mi alma,
cobijado por su luz
hasta que despierta el alba.

Cuán bella es la vida,
cuán bella es mi vida.

# Parte 3

# *Evolutar*

## Capítulo 9

# PETER APRENDE A CREAR
# SU PROPIA REALIDAD

Después de un día cargado de emociones y grandes revelaciones, Peter estaba ansioso por ir a El Escocés para contarle a Tomy todo lo que había ocurrido con Sandy.

Llegada la hora salió disparado al encuentro con su amigo. Al entrar en el local se encontró a Charles tocando el piano, con los ojos cerrados, como siempre, mientras Tomy discutía con alguien tras la barra. No se trataba de un cliente, parecía más bien un proveedor con el que no se ponía de acuerdo en alguna cuestión, por lo que Peter prefirió sentarse en una silla junto al piano y disfrutar de la música.

Pasaron más de veinte minutos durante los cuales Charles no abrió los ojos ni una sola vez, ni siquiera entre las pausas entre canción y canción.

Apenas había unas cuantas personas esa noche en el local. Cada una en su mundo, al margen de la escena. Nadie aplaudía, nadie escuchaba, ni siquiera se percataban de que aquel hombre estaba allí, fundido con su piano. Tan solo Peter lo contemplaba, ensimismado, mientras la música penetraba en lo más profundo de su corazón.

Tras tocar la última pieza, Charles abrió los ojos y, fijando su mirada en Peter, le invitó a acercarse tras realizar un gesto complaciente.

—Hola, Peter.

—Hola Charles, llevo un buen rato escuchándolo. ¿Esas obras son nuevas?

—Siempre son nuevas, Peter, nunca toco dos veces la misma pieza.

—Nunca entenderé cómo lo hace.

—Si le soy sincero yo tampoco, pero no hablemos de mí, cuénteme cómo le va.

—¿Qué cómo me va? La verdad es que no sé qué decir, Charles. Estoy tan desconcertado que no sabría por dónde empezar.

—¿Desconcertado? —preguntó el apuesto caballero mientras bajaba la tapa del piano—. ¿Y eso a qué se debe?

—Vamos, Charles, usted sabía lo que me iba a suceder. Ayer, al salir del banco para almorzar, un joven me dio en la mano este panfleto. —Mientras hablaba, Peter había sacado de uno de los bolsillos de su chaqueta el papel con la publicidad de la tienda de iluminación para mostrárselo a su amigo—. Y como verá contiene un mensaje muy claro: *¡Despierta, ha llegado la hora de tu iluminación!*

—¡Ja, ja, ja! Sí que va deprisa —interrumpió Charles con una tremenda carcajada—. Disculpe que me ría, pero me resulta divertido comprobar cómo suceden las cosas y en especial su proceso, que es muy rápido y muy claro. Es increíble lo deprisa que se empieza a mover su vida. No me extraña que esté desconcertado, yo también lo estaría.

—Pues a mí no me hace tanta gracia y le pediría que me ayude a entenderlo.

—Está bien. A ver, si comprende esto: cuando yo le digo que va a recibir una señal como la que ha tenido es porque se ha creado ese evento para usted, para su despertar. Es algo que forma parte de su plan y el mío para con usted. Hay un pacto entre nuestras almas según el cual en un momento puntual de su vida yo aparezco para ayudarle a despertar. Inicialmente yo no sé, ni me puedo imaginar que lo voy a conocer. Yo aparezco en El Escocés de manera fortuita, pero saber quién soy y el manejo del lenguaje sutil me hacen entender que la aparente casualidad por la que fui a parar a ese lugar es una señal para mí, y por eso decido empezar a frecuentarlo. Es su aparición precisamente y la primera conversación que tengo con usted lo que me hace entender el porqué y el para qué de esa experiencia.

—Sí, es cierto. La verdad es que no sé cómo, pero enseguida sentí que usted estaba ahí por algo y para algo. Fue una sensación muy clara, una certeza. No sabía por qué, pero lo sabía.

—Esa es la clave, Peter. Lo sintió, lo supo. Por un momento escuchó a su alma a través de su corazón. Ahora ya sabe cómo funciona.

—¿Pero entonces usted se dedica a ir por la vida despertando almas con ese libro?

—¡Ja, ja, ja, ja! —rompió a reír Charles ante la pregunta de Peter—. No, en absoluto. Yo soy una persona normal que se dedica a vivir su vida como cualquier otra. Lo más importante es que entienda que cada vez que sucede un evento así es una confirmación para mí de quién soy y de qué hago aquí. Siempre que se produce un encuentro entre almas cada una se lleva su parte de la experiencia. Podríamos llamarlo «su recompensa». Para mí es muy importante su proceso, se lo aseguro. Cada vez que le sucede algo así, es también una confirmación de mi proceso.

—¿Una confirmación de qué?

—De que lo que le pasa es real, de que el lenguaje sutil y la conciencia intermedia empiezan a actuar en usted tal y como me sucedió y me sigue sucediendo a mí. Quiero que entienda que yo no voy buscando despertar a nadie. El hecho de saber quién soy me ayuda a saber cuándo tengo que intervenir y cuándo respetar las elecciones de un alma, aunque solamente lo hago cuando surge de forma espontánea, cuando la vida me pone ante ello. En realidad, todo se produce cuando se dan las condiciones señaladas por las personas y los lugares.

—¿Los lugares? —preguntó Peter extrañado.

Si Peter, este lugar es el punto en el que nuestras almas pactaron el encuentro antes de nacer. Es el emplazamiento idóneo por la propia energía del lugar. Nos ayuda a que se equilibre la energía de nuestros cuerpos y facilita que todo el proceso se ponga en marcha.

—Perdone, Charles, ¿se refiere a su alma y la mía? —interrumpió Peter.

—La suya, la mía y la de todos los que estamos aquí.

—No lo entiendo, no me creo que yo sea tan importante como para que todo esto suceda por mí.

—Nadie es más importante que nadie y todos somos importantes para todos. Sin embargo, usted es el más importante en su propio proceso. Usted es su verdad, cada vida es una verdad. Cada uno vive la experiencia que ha elegido, cada alma elige el papel que quiere representar en el libro de su vida e interviene cuando le toca hacerlo.

—No siga con lo del libro, por favor, ya tengo bastante con digerir todo lo que me cuenta como para darle vueltas a si soy o no el personaje de un libro.

—Lo siento, no volveré a hacerlo.

Mire, Peter, si Tomy no hubiera montado este pub, usted y él no se hubieran conocido y nosotros no nos habríamos encontrado. De la misma manera, la compra del piano por su parte fue decisiva para que yo recalara aquí y me encontrara con usted. Si no hubiera descubierto esta joya, nunca hubiera vuelto por este sitio —confesó Charles mientras acariciaba la tapa del piano—. Pero ha de entender algo. Tan importante como Tomy, usted o yo lo son cada uno de los clientes que han pasado por este local. Sin ellos, sin la intervención de sus almas, Tomy no hubiera podido sostener este negocio y nada de lo que está ocurriendo hubiera acontecido.

—Un momento, ¿me está queriendo decir que todo esto ha sucedido para que usted y yo nos conociéramos, usted me entregara un libro y yo acabara despertando?

—Sí y no. Y disculpe por responder de esta manera, pero es así.

—Explíquemelo.

—No vea las cosas en una sola dirección. Además de contribuir a esta experiencia, a su experiencia, cada día, en cada momento, cada vida, cada alma se ha llevado lo que quería de este lugar y su gente. Unos diversión, otros conversación, algunos bebiendo más de la cuenta se han llevado la elección de vivir la separación, y otros simplemente la energía del lugar, pues como acabo de decirle, es un sitio especial.

—Eso es muy coherente, continúe por favor.

—Está bien, pero permítame que lo haga de una forma un poco más ilustrativa.

—Por supuesto Charles.

—Piense que antes de nacer en la vida, usted ya existía como alma. Como ya habrá leído, ella fue creada para que su conciencia se experimentara en la vida a través de la vida de Peter.

—Sí, lo recuerdo perfectamente.

—Desde el universo de las almas se le dio la posibilidad de elegir la vida que iba a vivir y las personas que quería que lo acompañaran a lo largo de ella. Se pidieron voluntarios y empezaron a «levantar la mano» todas aquellas almas que deseaban intervenir para que se cumpliera tanto el plan de Peter, como el de las almas que iban a compartir la vida de Peter, como por ejemplo sus padres, gracias a los cuales usted pudo nacer en el lugar que eligió junto a sus hermanos, sus familiares y los que serían sus amigos. Al igual que ellos, también levantaron la mano las personas que han hecho y harán que se enamore y los que le han hecho y le harán sufrir; los que le han proporcionado experiencias de unión y aquellos gracias a los cuales ha tenido y tendrá también las de separación. También se prestaron a aparecer en algún momento de la vida de Peter, aquellas almas dispuestas a producir cambios de rumbo que facilitaran los encuentros con otras almas con las que a su vez, usted pactó tener determinadas experiencias.

—¿A qué se refiere exactamente con esto último?

—Hay veces, por ejemplo, en que nos cuesta entender que se rompa una relación de pareja. Nos causa dolor, sufrimiento, pero es imprescindible que suceda para que podamos conocer a la siguiente persona que ha de intervenir en nuestra vida. En otras ocasiones perdemos un trabajo y nos cuesta entenderlo; sin embargo, es necesario que suceda para reconducirnos hacia otro lugar por el que debemos pasar, en el que nos está esperando alguien importante y decisivo en nuestras vidas.

—Perdone que le interrumpa, Charles, pero todo esto tiene que ver con eso de que a la vida veníamos a aprender.

—No, Peter, no hay nada que aprender. ¿Cómo va a aprender aquello que ya sabe? Usted ya lo sabe todo.

—¿Cómo que ya lo sé todo?

—Sí, lo que pasa es que no lo recuerda. Su conciencia lo sabe todo sobre usted, su alma también, y usted tan solo tiene que recordarlo. Ellas lo único que quieren es experimentarse, reconocerse, para eso está usted aquí. Ya se lo expliqué, ¿recuerda? En esencia no tienen nada que aprender y mucho que experimentar.

—La verdad, Charles, es que contado así suena todo muy bonito, pero me cuesta entender cómo podría trazar yo solo todo ese plan.

—Bueno, en realidad no estaba solo. De hecho, nunca lo está. Para que el plan pudiera llevarse a cabo, era necesario que todo encajara con todo. Por lo tanto, fue imprescindible que la conciencia del *todo* estuviera muy presente. Sin él es imposible que todas las piezas del puzle encajen. Así es como se configura la vida de una persona. Cada pieza, cada parte tiene unas características únicas y encajan en un lugar y un momento determinado. Así es como se va construyendo el puzle de la vida.

—¿Pero, lamentablemente, no siempre conseguimos encajar las piezas a la primera? —volvió a intervenir Peter intentando forzar las explicaciones de Charles.

—Cierto. Hay veces en que no conseguimos encajar una pieza porque todavía no es el momento ni el lugar, y entonces hay que esperar a que el resto se vayan colocando, a que las otras almas se sitúen con sus vidas en el lugar adecuado hasta que llegue el instante preciso. Por eso los lugares son tan importantes. Son los que hacen que las piezas encajen. La energía de los lugares interaccionando con nuestra energía, la naturaleza que nos rodea activando nuestra propia naturaleza y conectándolo todo la luz del sol, la de las estrellas y la luz que envuelve a la luz. Lo importante es que cada pieza esté en su sitio.

—Entendido Charles, pero antes has dicho que hay almas con las que pactamos que aparezcan en nuestras vidas para hacernos sufrir.

—Bueno, eso es algo complicado de explicar, pero sí, así es. De momento, creo que lo más importante es que entienda que para experimentar la unión es necesario que exista la separación; la una no puede ser sin la otra. Cuando una persona aparece en su vida y le hace sufrir no siempre está en su intención el hacerlo. En la mayoría de las ocasiones somos nosotros mismos los que lo elegimos, por ejemplo, cuando nos enamoramos ya sabemos el riesgo que corremos si en algún momento nos sentimos rechazados o perdemos a nuestra pareja. Sin embargo, lo elegimos, ¿no es cierto?

—Así es. Siga.

—Cuando nos hacemos amigos de alguien sabemos que nos exponemos a que en un momento determinado nos sintamos traicionados. Sin embargo, lo elegimos, ¿es así?

—Claro.

—Seguro que usted mismo en más de una ocasión ha intervenido en la vida de alguien y le ha hecho daño de una manera más o menos consciente; es inevitable que eso ocurra. Todavía estamos muy lejos evolutivamente de tener la capacidad suficiente como para gestionar nuestras emociones sin que produzcan daños colaterales. Entenderá que tanta dificultad cumple su función.

—¿Cuál?

—Experimentar la separación.

—Ahora lo entiendo, tiene sentido. La verdad es que tal y como lo cuenta, parece fácil de comprender, pero incluso sabiendo que es a mí a quien le está ocurriendo, me cuesta concebir cómo sucede todo a un nivel práctico. ¿Cómo es posible que vaya donde tengo que ir, que me encuentre con las personas necesarias en los lugares exactos o que muchas cosas o acontecimientos se conviertan en señales?

—¡Oh, sí, claro! —exclamó Charles—. En algún momento, usted también pidió voluntarios protectores, acompañantes. Entonces apareció esa otra parte de la conciencia del *todo*, esa otra forma de experimentarse de una manera individual que no es ni un alma, ni una conciencia individual, ni una persona.

—Ahora va a hablarme de la conciencia intermedia.

—Muy bien, Peter, veo que se está aplicando con el libro.

—Sí, aunque no le voy a negar que lo de los ángeles me está costando.

—Es normal que ofrezca cierta resistencia hacia a ellos. Forma parte de su plan.

—¿A usted también le costó?

—Sí, imagino que como a todo el mundo.

—¿Y ahora cómo lo lleva?

—Mucho mejor. Convivo con ellos, es muy divertido. Ya no he vuelto a imaginarlos con alas y esas cosas… Ellos pueden intervenir de muchas maneras, entre ellas colándose en nuestro pensamiento.

—¿Cómo lo hacen?

—Por ejemplo, cuando sentimos un impulso para hacer algo.

—¿Podría ponerme un ejemplo?

—Sí, claro. Imagínese que va caminando por una zona muy concurrida de la ciudad buscando un lugar determinado que no encuentra. Se le ocurre preguntarle a alguien y de entre toda la gente con las que se cruza siente el impulso de elegir a un individuo concreto. Esa persona le explica cómo llegar, invirtiendo treinta segundos en ello. Luego se despiden y, a la media hora de haber hablado con usted, su informador pierde un autobús debido al retraso ocasionado por esos treinta segundos. Por lo tanto se verá obligado a esperar el siguiente autobús que tarda en pasar diez minutos. Dos horas más tarde y gracias a la variación en el tiempo que han producido esos diez minutos y treinta segundos de retraso, esa persona se encontrará en el lugar y momento precisos en los que se cruzará con un viejo amigo. Gracias a ese encuentro ambos acabarán emprendiendo un negocio juntos y su vida dará un giro muy importante. Lo trascendente es que entienda que todo ello ha sido debido a que usted sintió un impulso para preguntarle a esa persona en concreto, no a otra.

—Lo comprendo. Aparentemente, lo más lógico sería pensar que todo ha sido una casualidad, pero no ha sido así. Lo que trata de decirme es que el impulso para elegir a esa persona ha sido cosa de la conciencia intermedia.

—Exacto. La conciencia intermedia tiene mucho que ver con que estemos en cada momento donde tenemos que estar o que no vayamos a donde no debemos ir.

—¡Disculpe, Charles!, ¡repita eso otra vez, por favor! —interrumpió repentinamente Peter.

—¿Que repita el qué?

—¡Eso que acaba de decir!

—Pues que suelen intervenir para que cambiemos de rumbo y vayamos a un lugar determinado donde tenemos que hacer algo o encontrarnos con alguien —contestó Charles.

—¡Claro, ahora lo entiendo todo!

—¿A qué se refiere, Peter?

—Eso fue lo que me sucedió el otro día. ¡Eso es! No se lo va a creer. El sábado por la mañana, estaba en la cama y entró un rayo de luz en mi habitación. Al verlo, mi intención fue levantarme e ir a pasear a la zona sur de Hyde Park, y así lo hice. Me levanté, me preparé y cogí el metro para ir hacia allí. No sé cómo, pero pasé de largo la parada en la que debía haberme bajado. No me quedó más remedio que continuar el trayecto unas cuantas paradas más para poder acceder a la entrada norte del parque. ¡Sí!, ahora lo entiendo. Todo encaja, Charles.

—Bueno, Peter, hasta aquí lo único que me encaja es lo del rayo de luz y el pensamiento de ir a pasear a Hyde Park, pero no acabo de comprender...

—¡Escúcheme con atención, escúcheme! —insistió Peter—. Apenas había caminado unos cientos de metros, me sentí atraído por un círculo de árboles con los que me encontré a la izquierda del camino. Lo más increíble es que nada más adentrarme en el círculo sentí la necesidad de mirar al sol a través de sus ramas y apenas llevaba un instante haciéndolo escuché una voz que, desde lo lejos, pronunciaba mi nombre. Era Sandy, mi compañera de trabajo. La mujer más bella que usted puede imaginar y con la cual no había sido capaz de entablar una conversación en todos los años que llevo trabajando en el banco.

—Por la cual, deduzco, tiene unos sentimientos muy especiales...

—Pues sí, Charles, no se lo voy a negar. Desde el primer día en que la vi, sentí algo muy especial por ella. Siempre ha sido la mujer de mis sueños.

—Es increíble la velocidad con la que le está ocurriendo todo, Peter. Ya se lo dije: el libro es un catalizador. Su lenguaje sutil cada vez es más evidente. Está muy claro: el rayo de luz, el olvido de la parada del metro en la primera entrada del parque, la llamada de los árboles, la necesidad de adentrarse en el círculo, la aparición de ella y el significado que ese lugar tiene para Sandy. Siempre que hay un cúmulo de casualidades, es una operación orquestada por ellos.

—¿Por los ángeles?

—Llámelo como quiera; conciencia angelical, conciencia intermedia… En esencia, siempre estamos hablando de lo mismo, *el todo* experimentándose de diferentes formas. Esta es la más práctica. Interviene de forma directa en determinados momentos de la vida de cada persona para que cada movimiento, cada evento encaje en el plan de cada uno, en el plan del *todo*. Son las manos que ayudan a ensamblar cada pieza del «puzle de nuestra vida».

—Bien,—respondió Peter— creo que hasta aquí lo he entendido todo. Tenemos un plan para nuestra vida pensado para experimentarla, configurado por acontecimientos, que pueden resultar más o menos agradables y gracias a los cuales nos movemos continuamente entre la unión y la separación, ¿no es así?

—Cierto, así es y ahora lo siento Peter, pero no dispongo de más tiempo, tengo que irme.

—De acuerdo, pero antes de irse me gustaría que me contara cómo vino a parar a este lugar.

—En realidad iba en mi coche a una reunión en una oficina que está a un par de manzanas de aquí, pero me confundí de calle. Tenía mucha sed desde hacía rato y al pasar por delante de la puerta del pub observé que había un aparcamiento libre justo enfrente, por lo que decidí aparcar mi coche para entrar a pedir un vaso de agua. Mi sorpresa fue descubrir un piano Hardman de 1929, una auténtica joya, idéntico al que tengo en mi casa y del mismo año. Además, tras comprobar el número de serie y hacer una llamada a un experto supe que había estado en varios clubs de jazz de Nueva York, que después había viajado a Alemania y de ahí a España, donde había sido utilizado en un programa de televisión en los años setenta. Finalmente, fue a parar a manos de un coleccionista inglés que al parecer acabó arruinado. Una casa de subastas de Londres se hizo cargo de él, la misma en la que Tomy lo adquirió, eso sí, bastante deteriorado por los viajes y los cambios de propietario.

—¡Caray, que casualidad!—exclamó Peter sin pestañear—. ¿Y por qué viene aquí a tocar el piano y no lo hace en su casa?

—Porque estoy de paso, Peter. No vivo aquí, he tenido que venir un par de semanas para resolver un asunto de negocios. Mañana regresaré a Liverpool, donde resido habitualmente con mi familia.

—¿Ha dicho «mañana»?

—Sí, me voy mañana.

—¿Pero entonces qué va a pasar conmigo, cómo voy a resolver mis dudas? —preguntó apurado el joven mostrándose afligido ante la noticia—. Además, usted me ha hablado de algunas cosas que no están en el libro; presiento que tiene más información.

—No se preocupe, Peter, lo importante es que tiene el libro. Acabe de leerlo, en él tiene todas las respuestas que necesita en este momento.

Tras la última frase, el pianista se puso en pie y se dirigió hacia la percha de la pared en la que había colgado su abrigo. Recogió un maletín y extrajo un manto de él. Era de un color azul celeste y estaba adornado con unas líneas blancas y turquesas que formaban un rectángulo al bordear todo el contorno, del cual pendían unos pequeños flecos también blanquecinos.

—Tome, Peter, esto es un regalo para usted.

—¡Un regalo! —exclamó el joven con cara de sorpresa—. Gracias. Es precioso, pero no sé qué decir…

—No tiene ninguna importancia, es solo que me apetece que lo tenga usted.

—Es precioso, de verdad. Y dígame: ¿qué es lo que tengo que hacer con él?

—Ya lo sabrá, cuando llegue el momento lo sabrá…

Por un instante los dos amigos permanecieron callados, como si ninguno supiera lo que tenía que decir, hasta que Peter decidió romper el silencio una vez más con otra pregunta:

—Charles, ¿volveremos a vernos?

—Estoy seguro, Peter, estoy seguro.

Acto seguido se despidieron dándose un abrazo, tras el cual el pianista abandonó el local. Peter permaneció de pie, en silencio, pensativo, observando a Tomy, que continuaba discutiendo con la misma persona y que ni siquiera se había percatado de la presencia del joven en toda la noche. Aprovechando la distracción, enfiló la puerta y se fue a su casa sin decir nada.

Necesitaba estar solo, reflexionar sobre todo lo que le estaba sucediendo y continuar leyendo «El libro de iO».

# *Tú elegiste tu vida*

Unas experiencias os llegan porque las elegisteis desde el alma, antes de nacer, y otras porque las creáis con la intención de vuestra mente. Todos los acontecimientos de vuestra vida dependen de las elecciones del alma y de las elecciones de la mente.

—*Comprendo, pero me gustaría saber si hay alguna forma de saber cuándo se trata de una elección del alma o una elección de la mente*

Sí, claro.

## *Los deseos del alma*

Las elecciones del alma nacen de la intención de la conciencia y forman parte del plan de vuestra vida. Son fáciles de reconocer porque se expresan en vosotros a través de emociones y sentimientos puros.

—*¿Y cómo sabemos que una emoción o un sentimiento es puro?*

Todas las emociones y sentimientos que tenéis provienen de dos emociones raíz, el amor y el miedo. Las elecciones del alma están basadas en el amor y se manifiestan en vosotros en forma de deseos profundos que nacen del corazón. Vuestro corazón es el punto de encuentro con vuestra alma. Ahí nacen los deseos del alma, esos que hacen que luchéis de forma apasionada por las personas y las cosas que amáis. Todos ellos tienen su origen en las elecciones que vuestra alma hizo antes de nacer, forman parte de vuestro plan y tienen todo que ver con quiénes sois y qué hacéis aquí.

Las deseos del alma se manifiestan en la vida de cada persona a través del lenguaje sutil.

Cuando una persona ha iniciado su proceso de despertar del alma y renacer en la conciencia, los deseos del alma se expresen de manera habitual en esa persona. En esos casos, la mente no tiene nada que hacer porque todo se mueve sin su intervención. Todo sucede de forma casual y espontánea. Se tiene la sensación de que se está recibiendo ayuda y así es como ocurre realmente gracias a la colaboración de la conciencia intermedia.

—*¿La conciencia angelical?*

Sí. Es otra de las características de las elecciones del alma. Su experimentación suele ir asistida por manifestaciones de la conciencia intermedia.

—*Se me ocurre que podrían formar parte de las elecciones del alma todas esas profesiones que solemos llamar «vocacionales». Conozco gente que desde muy pequeños sabían qué querían ser de mayores y con el paso del tiempo consiguieron convertir su pasión en su profesión.*

Eso es muy acertado, pero en realidad cualquier profesión puede ser una elección del alma. En muchos casos las profesiones sirven para situaros en el lugar que debéis estar para conocer a ciertas personas que forman parte del plan de vuestra vida.

Muchos deseos del alma están basados en el amor. Son los más fáciles de reconocer.

—*Entonces, cuando sentimos que nos hemos enamorado de alguien, en realidad se trata de un deseo del alma, de una elección que hicimos antes de nacer.*

Así es, pero piensa también en el amor natural que existe entre padres, hijos y hermanos. A ellos los elegiste antes de nacer, al igual que a tus amistades. Todas vuestras relaciones afectivas han surgido de un sentimiento de amor.

A veces los deseos del alma os pueden sorprender. Dime una cosa iO: ¿recuerdas cuando te compraste la sansula?

iO *se quedó pensativo. Durante unos instantes, su mirada volvió a perderse en ningún lugar, prolongando un silencio mental en aras de una respuesta que, obviamente, corroborara todo lo explicado.*

—*¡Ahora lo entiendo! ¡Sí, sí, fue eso, un deseo del alma! Un amor a primera vista, una necesidad de tenerla entre mis manos y hacer brotar la música de ella. Fue una elección de mi alma, por eso pasé por aquella calle y*

*aparecí frente al escaparate de aquella tienda, mi alma me
condujo hasta allí.*

Así es, la música hecha con el corazón es también una
elección del alma. Por eso con ciertas músicas también se
puede alcanzar la experiencia trascendental, despertar,
renacer, iluminarse.

*—Eso es muy bello.*

Todo lo natural es bello. La música forma parte de la
naturaleza, son vibraciones de sonido en armonía. La
armonía es lo contrario del caos. Cualquier música creada
con el corazón se puede convertir en una forma de
iluminación para uno mismo y para los que la escuchan.

*—Es cierto, cada vez que toco la sansula de esa forma
es como si la música que brota de mis manos ya existiera,
como si la escuchara dentro de mí. Realmente, lo único que
hago es dejarme llevar y permitir que surja tal cual, entre
mis dedos.*

Ahora que has comprendido cómo se expresan las
elecciones del alma es importante que entiendas
cómo lo hacen las elecciones de la mente. Eso os
puede conceder ciertas ventajas en la vida.

*—¿Como por ejemplo?*

Crear vuestra propia realidad.

## *Podéis elegir
y crear vuestra realidad*

Tanto las elecciones del alma como las de la mente
tienen su origen en vuestra conciencia.

Desde el estado de la conciencia individual están creados
todos los acontecimientos de la vida de cada ser humano y
todas las posibilidades de sus experiencias. Unas
experiencias las elegís desde el alma, antes de nacer, y otras
desde vuestra mente en el transcurso de vuestra vida.

Todas las probabilidades de que se haga realidad un
evento determinado en la vida de alguien están sucediendo
a la vez en el universo de la conciencia.

Desde el plano de la vida de una persona, solo se puede elegir una posibilidad de entre todas las que existen a la vez en el plano de la conciencia y esa es la que se experimenta.

—*Por lo que dices entiendo que la vida de cada persona está compuesta por la sucesión de momentos que ha elegido y que está viviendo; la suma de las elecciones del alma y las elecciones de la mente.*

Eso es.

—*¿Y cómo debemos realizar las elecciones con nuestra mente?*

Utilizando de forma adecuada vuestros pensamientos, vuestras palabras y vuestra voz.

# El poder de la intención, el poder de las palabras y el poder de la voz

## El poder de la intención

El primer paso para empezar a crear vuestra realidad es aprender a elegir lo que queréis que se manifieste en vuestra vida y expresarlo de la forma correcta para que vuestras elecciones no dejen ninguna posibilidad para la duda.

## Vuestra mente está configurada para dudar

Las elecciones de la mente funcionan de la siguiente manera: fija tu pensamiento y después espera; obtendrás respuesta, pero cada vez que dudes o pienses en otra cosa diametralmente opuesta, también se te responderá. Cuidado con lo que dices, siempre es una consecuencia de lo que piensas y lo que piensas es una consecuencia de lo que es.

Si
lo
piensas
lo eliges,
si lo dices
se manifiesta.
No expreséis
lo  q u e no deseáis y
no lo estaréis eligiendo.
E x p r e s a d   l o
más claramente posible
lo que elegís y  se  manifestará
e n  vosotros

iO *se quedó ensimismado después de escribir el último párrafo, el cual se quedó grabado en su mente como una especie de eco que no cesaba de repetirse: «Todo es. Si lo piensas lo eliges, si lo dices se manifiesta». «Todo es. Si lo piensas lo eliges, si lo dices se manifiesta»...*

## *El poder de las palabras*

El segundo paso para que empecéis a crear vuestra realidad es que aprendáis a elegir las palabras con las que vais a expresar vuestras elecciones. La forma más práctica de llevarlo a cabo es construyendo y escribiendo las frases que expresen vuestros deseos de la forma más clara y precisa posible.

—*¿Y eso debemos hacerlo de una forma especial?*

Será mucho más efectivo si utilizáis una pequeña fórmula.

—*¿Una fórmula?*

Sí, tan solo se trata de que al construir las frases que contienen vuestros deseos deis las gracias porque ya los habéis conseguido, para ello, tan solo tenéis que introducir en cada frase las palabras «gracias» y «ya». Es una manera de reforzar vuestra intención.

—*¿Podrías darme un ejemplo?*

Por supuesto, haz una elección con tu pensamiento.

—*Vaya, no sé qué pensar. Entiendo que se trata de elegir cualquier cosa que deseo conocer, experimentar o tener?*

Eso es, expresa un deseo.

—*Ya sé. Aunque ya me has dado mucha información al respecto me gustaría saber exactamente, ¿quién soy yo y qué hago aquí?*

Perfecto, en ese caso deberías expresar tu elección, tu deseo con la frase:

## «Gracias, porque ya sé quién soy y qué hago aquí»

—*Entendido. La idea es que manifestemos nuestra elección como si ya se hubiera realizado.*

Así es. La utilización de las palabras «gracias» y «ya» es una ayuda para definir con una mayor precisión la elección que estáis haciendo. Con la palabra «gracias»  estaréis reafirmando que se ha cumplido vuestra elección y con la palabra «ya» reforzaréis su consumación en el tiempo. En esencia con esa frase estaréis confirmando que vuestro deseo ya forma parte de vuestra realidad.

—*¿Y por qué es necesario escribir la frase que contiene el deseo?*

Es algo práctico.

Por un lado, un pensamiento escrito es algo que ha dejado de ser una abstracción mental para convertirse en algo material, ya es una realidad física; se puede tocar, se puede leer. Por otro lado, la mejor forma de poner orden en vuestra mente es escribiendo vuestros pensamientos. La manera más segura de concretar la frase que contiene la elección es escribiéndola.

El tercer paso para empezar a crear vuestra realidad es que expreséis con la voz las frases en las que habéis precisado vuestros deseos.

Algo tan insustancial como un pensamiento se transforma en algo físico al verbalizarlo. La voz convierte cada pensamiento, cada palabra, en una forma concreta al salir de vuestro cuerpo al exterior.

Tenéis la capacidad de crear realidades con vuestra voz. Cada vez que habláis vuestra palabra contiene vida, sale de vuestra vida, contiene vuestra energía y vuestra luz. Habéis convertido el aire que respiráis en energía viva, en sonido. El sonido es una forma de transmisión de la energía.

Es imprescindible que aprendáis a cultivar el silencio, a entender la necesidad de estar rodeados de un vacío sano que os permita construir a vuestro alrededor un universo invisible de formas bellas y armoniosas.

Cada vez que expresáis algo positivo con vuestra voz, generáis una forma que actúa como la corriente de un río que discurre libre de obstáculos, permitiendo que vuestra vida fluya sin dificultad. Cada vez que deseáis algo y dudáis o manifestáis la posibilidad de que suceda lo contrario, generáis formas que actúan como rocas que frenan la corriente, que dificultan que vuestra vida avance con fluidez.

No desperdiciéis el vacío, no contaminéis el silencio. Las buenas maneras ayudan a expresar formas buenas, lo contrario ya sabéis… La bondad genera ríos de luz, la ira, bloques de hielo. El amor os permite navegar con el viento a favor. El odio seca los mares y los ríos, destruye los caminos, devasta los corazones, no atiende a razones. La alegría es el motor de vuestras vidas; el miedo os paraliza

—*Me parece asombroso que algo que forma parte esencial de nuestro día a día, como es la voz, pueda convertirse en una herramienta tan trascendente, tan poderosa.*

Para ser más exactos, lo que realmente tiene poder es la intención de vuestros pensamientos expresados con las palabras justas y manifestados en la forma correcta a través de la voz.

—*¿Entonces no vale pronunciar las frases de cualquier forma?, ¿ hay que decirlas de una manera concreta?*

No solamente eso. Para que vuestros deseos empiecen a manifestarse en vuestra vida será necesario que desarrolléis algunos hábitos y repitáis con frecuencia una serie de prácticas.

—*¿Por ejemplo?*

Respirar y meditar de una manera determinada para alcanzar el estado apropiado para recitar con el corazón las frases en las que hayáis concretado vuestros deseos.

—*¿Podrías explicarme la forma de hacerlo?*

Por supuesto, para eso estás aquí.

## *Respirar, meditar y hablar con el corazón*

Comenzad por situar vuestro cuerpo y vuestra mente en un estado de quietud. Os ayudará realizar la práctica en la naturaleza; si esto no es posible, buscad un lugar silencioso en el que os encontréis recogidos. Intentad encontrar una posición cómoda y tomaos el tiempo necesario para relajar todos los músculos, aflojando cualquier tensión que percibáis.

### *Respirar*

Una vez que vuestro cuerpo esté relajado os concentraréis en respirar de una forma tranquila, calmada.

Utilizad la respiración para crear un vacío limpio y luminoso en torno a vosotros. Sed conscientes de que inhaláis luz y exhaláis luz cada vez que respiráis.

## *Meditar*

Alcanzado cierto grado de serenidad debéis centrar toda vuestra atención en la forma de respirar. Esto os ayudará a que vuestra mente deje de deambular entre pensamientos, recuerdos o reflexiones para que poco a poco se vaya diluyendo en el silencio mental.

Apagad
vuestra mente
y encended vuestro corazón.
Centrad la atención en
las pausas respiratorias
que hay entre cada
inspiración
y la siguiente
exhalación,

entre

cada

exhalación
y la siguiente
inspiración.
Diluid vuestra mente
en esas pausas hasta alcanzar
la nada, el silencio mental.

La clave está en el instante en el que vuestro organismo se queda sin aire, se queda «en el aire».

Repetid el proceso hasta que vuestro cuerpo se sienta apaciguado y vuestra mente en calma. Entonces habréis alcanzado el «estado meditativo».

Desde ese estado de quietud ya podéis expresar con vuestra voz la frase o frases en las que habéis concretado vuestros deseos. Debéis hacerlo de una forma precisa, siguiendo unas pautas de orden y unos tiempos:

① 

Realizad una inspiración profunda que dure al menos ocho segundos mientras recitáis mentalmente la frase que expresa vuestra elección, vuestro deseo.

② 

Mientras exhaláis, recitad la frase en voz alta durante otros ocho segundos más. Procurad que cada vocal y cada consonante vibren profundamente en el interior de vuestro pecho, en vuestro corazón.

③ 

Repetid una y otra vez los dos pasos anteriores durante al menos ocho minutos.

—*¿Podrías repetírmelo y explicármelo de forma más detallada por favor? Me gustaría entender por qué hay que hacerlo así.*

Por supuesto. Te lo repetiré de nuevo, paso a paso y aclararemos cuanto necesites.

① 

### *Inspirar y recitar mentalmente*

Realizad una inspiración profunda que dure al menos **ocho segundos** mientras recitáis mentalmente la frase que expresa vuestra elección, vuestro deseo:

## «Gracias, porque ya sé quién soy y qué hago aquí»

*—¿Por qué tenemos que inspirar y recitar mentalmente durante ocho segundos?*

Es la forma más eficaz de realizar vuestra elección. Ocho segundos es el tiempo necesario para que la intención de vuestro pensamiento haga que vuestra alma realice una emisión de luz trascendental hacia vuestra conciencia individual. Esa emisión contiene la información con la elección que habéis expresado en la frase. Ocho segundos es el tiempo que tarda en concretarse esa elección en vuestra conciencia individual.

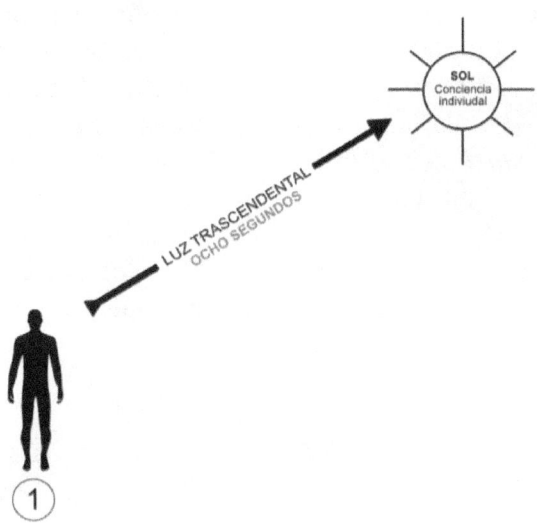

Recuerda que la conciencia individual se aloja durante la vida de la persona en el interior del sol para permanecer conectada a ella a través del alma y de la luz del sol.

*—Entiendo que todo tiene que ver con lo que me dictaste sobre «el poder de la intención».*

Exacto y el siguiente paso tiene que ver con todo lo que te he explicado sobre «el poder de las palabras, el poder de la voz»:

## *Hablar con el corazón*

Mientras exhaláis  recitad la frase con la voz durante otros **ocho segundos** más. Intentad que cada vocal y cada consonante vibren profundamente en el interior de vuestro pecho, en vuestro corazón.

«Graciassssssss  porqueee yyyaaaa ssséee quiéeennn sssoooyyy y quéee haaagooo aaaquíiii»

—*¿Y en este caso por qué hay que utilizar el mismo tiempo que en el paso anterior?*

Es el tiempo que tarda en llegar una emisión de luz trascendental que parte desde la conciencia individual hasta vuestra alma con la información necesaria para convertiros en una especie de baliza que atrae a la luz solar.

—*Por lo que entiendo la conciencia individual realiza dos emisiones de luz.*

Sí, una emisión de luz trascendental para que os convirtáis en un «atractor» de la luz solar y otra con la porción de luz solar que porta la información que debéis atraer hasta el entorno de vuestro cuerpo.

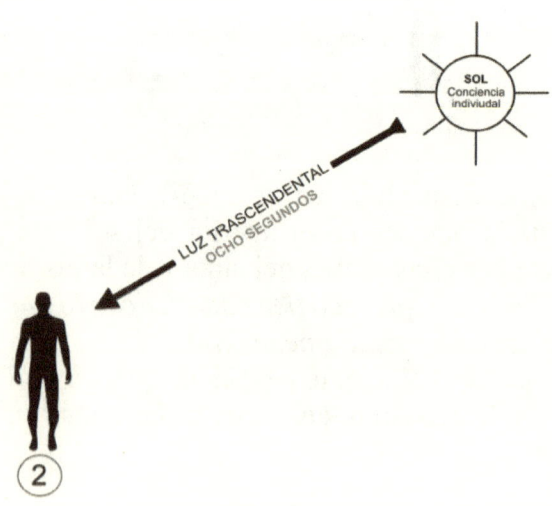

Al llegar al alma la información de la luz trascendental, procedente de la conciencia, hará que se solapen y sincronicen la energía del cuerpo y la energía del alma. Ambas generan un movimiento con forma de toroide; el toroide de la luz trascendental del alma y el toroide del campo electromagnético del corazón.

Vuestro corazón es una especie de motor eléctrico y la sangre se comporta también como un conductor eléctrico que circula por todo el cuerpo. El giro sincronizado de ambos toroides actúa como un campo gravitatorio de luz que hace que esta sea atraída hacia vosotros.

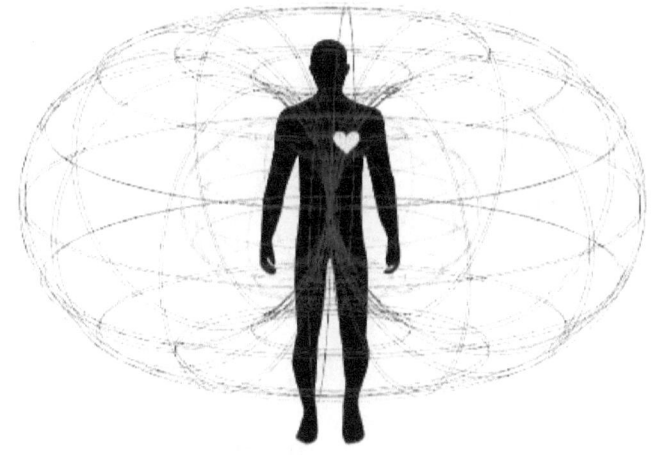

La información para vuestra parte trascendental, el alma, viaja a través de la luz trascendental y la información para vuestra parte física, el cuerpo, viaja a través de la luz solar. A partir de ahí, la luz es captada por vuestro ADN y traducida en deseos, pensamientos, emociones y sentimientos que os conducirán para que hagáis lo que tenéis que hacer, y estéis en el lugar preciso para que vuestra elección se haga realidad. Para que todo esto sea posible, será necesario repetir el proceso de fijación del pensamiento y verbalización durante al menos ocho minutos.

### *Repetir una y otra vez*

Repetid de forma continua los dos pasos anteriores durante al menos **ocho minutos.**

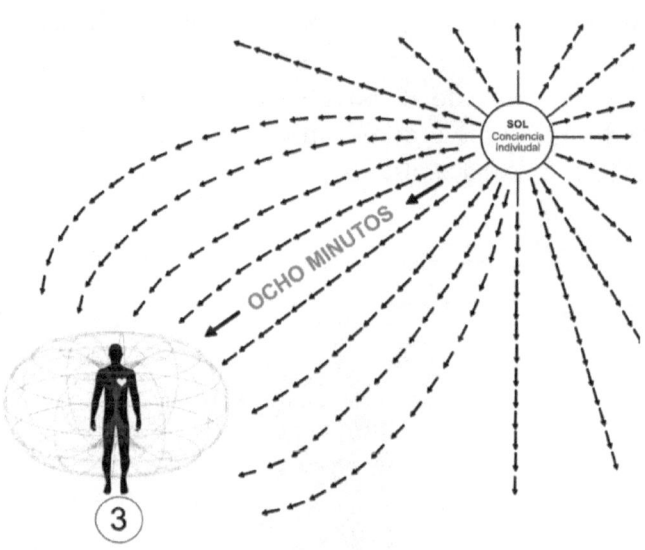

—*¿Ahora son ocho minutos, no ocho segundos?*
Sí.

# «Ocho minutos luz»

Como ya sabes, ese es el tiempo que tarda un rayo de luz solar en recorrer la distancia entre el sol y la Tierra, y por lo tanto será el tiempo que tarde en llegar la información desde vuestra conciencia a vuestro cuerpo.
—*¿Tanto los tiempos de ocho segundos como el de ocho minutos deben ser exactos?*
No es necesario. Lo importante es que superéis tanto los tiempos de ocho segundos como el de ocho minutos. A medida que vayáis practicando adquiriréis cada vez más consciencia de esos tiempos y no necesitaréis estar pendientes de ellos.

*—¿Supongo que para alcanzar con facilidad el estado de quietud que mencionas será necesario practicar durante algún tiempo?, ¿días, semanas, meses?*

No consideréis el estado meditativo como una meta que hay que alcanzar cada vez que hacéis una meditación, sino como una vía a través de la cual debe transcurrir vuestra vida.

Lo ideal es que practiquéis lo necesario como para conseguir que el estado meditativo se convierta en vuestra forma de ser y estar permanente, tal y como lo es en los animales y las plantas.

*—Pero eso es imposible. Tenemos que trabajar, movernos, solucionar las cuestiones que surgen en el día a día.*

Lo sé, pero ha llegado el momento de que cambiéis, os irá mejor y viviréis más años. Tan solo se trata de que experimentéis el estado meditativo el suficiente número de veces como para que podáis convertirlo en vuestra forma natural de vida.

Además, la meditación también os facilitará la activación de las almas de todas aquellas personas que tengan que intervenir para que vuestras peticiones se hagan realidad. La mayoría de las elecciones que hagáis van a depender de la intervención de otras personas.

*—Es cierto, pero, ¿cómo es posible que se activen las almas de esas personas para contribuir a que se hagan realidad nuestros deseos?*

Cuando respiráis, meditáis y habláis con el corazón os convertís en «atractores» y «repartidores» de la luz hacia el resto de personas cuya intervención es necesaria para que vuestra elección se haga realidad. A partir de ahí, la información que cada persona reciba se traducirá en pensamientos, deseos, emociones y sentimientos, que guiarán a cada individuo a emprender las acciones necesarias, realizar lo que tenga que hacer y dirigirse donde deba ir. Se producirán encuentros, aparentemente casuales, en los tiempos y lugares precisos gracias a la intervención de la conciencia intermedia, los ángeles. Ya sabes que ellos tienen capacidad para interactuar a nivel mental con las personas produciendo pensamientos concretos, intuiciones, sentimientos; y en ciertos casos manifestaciones físicas como olores, luces, movimientos de cosas, roces, golpes y susurros interiores.

En situaciones en las que vuestras elecciones dependan de personas específicas, ya sea que las conozcáis o sepáis quiénes son os ayudará mucho realizar una meditación dirigida hacia sus almas desde vuestra propia alma.

—¿Y eso cómo lo hacemos?

Respirad y meditad tal y como te he enseñado y una vez alcanzado el estado meditativo recitad con el corazón el nombre de la persona. A continuación, situaros frente a su alma y, después de pedirle permiso, dirigiros hacia ella para expresarle la petición que deseéis. Por último, despediros amorosamente, dándole las gracias por haber aparecido en vuestra vida y por formar parte de vuestro plan. Haced esto con el alma de aquellas personas que sepáis que van a intervenir en cada uno de vuestros procesos, así como con vuestros ángeles y los ángeles de esas personas, para que hagan de intermediarios en vuestras peticiones. Esta es una función de la conciencia intermedia.

Tenéis que entender que cuantas más personas estén despiertas, cuantas más sepan quiénes son y qué hacen aquí, más fácil será conseguir que los deseos de todos se hagan realidad.

Alguien que está despierto podrá percibir cómo se expresa el lenguaje sutil en su vida, sabrá dejarse guiar por sus sentimientos, por sus emociones; estará preparado para aceptar las manifestaciones de la conciencia intermedia, aprenderá a ver las señales.

—Creo que he comprendido todo lo que me has explicado, aunque tendré que repasarlo punto por punto hasta integrarlo totalmente y la verdad es que me llena de esperanza, pero, si te soy sincero, me cuesta mucho creer que podamos conseguir cualquier cosa que se nos ocurra con tan solo construir una frase y hacer todo lo que me has explicado. ¿De verdad que es tan fácil?

Nunca dije que fuera fácil, ni que se tratara de pedir cualquier cosa.

—¿Entonces?

Es necesario que las frases que contengan vuestros deseos, vuestras elecciones, estén construidas con pensamientos puros, intenciones inocentes y palabras sinceras.

—*¿Eso es una exigencia?*

No, eso es una vía. Yo nunca exijo nada, sois libres de hacer vuestras elecciones. La inocencia y la sinceridad son la esencia de la pureza, el camino más recto.

*Tras recibir las últimas frases,* iO *no pudo evitar que apareciera en su mente el recuerdo de las palabras del anciano Om, pronunciadas en su último encuentro en los dólmenes: «Nunca pierdas tu sinceridad ni tu inocencia; ambos valores son la expresión de la pureza de un niño»*

—*¿Entonces, tú eras Om?*

Sí, también era en él.

*El dictado cesó durante un instante en el que* iO *se sintió conmovido por un sentimiento de ternura que anidó en lo más profundo de su corazón, mientras, en su mente cobraba sentido todo lo que había acontecido en su vida desde el primer encuentro con el anciano Om.*

Por muchas dificultades que tengáis a lo largo de vuestra vida, no renunciéis nunca al niño que yace en cada uno de vosotros.

La

sinceridad y la inocencia

os

permitirán

## ser justos de corazón

en cada acción que emprendáis,

en cada elección que hagáis

—*«Justos de corazón», esa frase es maravillosa.*

Esa es la actitud que debe guiar vuestra vida, que debe sostener vuestras peticiones. Os ayudará a situaros en la posición correcta alineando vuestro corazón con vuestra alma.

El corazón es el punto de encuentro entre el universo físico y el trascendental, entre la luz del alma y la luz solar; es la estrella que ilumina vuestras vidas y las vidas de todas y cada una de las personas que os rodean.

Vuestro

## corazón

es un

## cofre.

Llenadlo de

## pensamientos puros,

## intenciones inocentes,

## palabras sinceras

y convertiréis vuestra vida
en un

## tesoro

A partir de aquí tan solo se trata de que abráis el cofre y empecéis a llenarlo.

—*¿Y cómo hacemos para abrirlo?*

## *Necesitaréis una llave*

—*¿Una llave?*
Sí, solo hay una llave que pueda abrir vuestro corazón
—*¿Se puede saber cuál es?*
El amor. Para ser justos de corazón debéis cultivar el amor. Recitad con amor cada una de las frases que contengan vuestros deseos. Cuanto más amor seáis capaces de irradiar, más posibilidades tendréis de que vuestra elección se haga realidad. Comprobaréis como todo sucede más rápido alrededor de vosotros.

*—Todo lo que dices suena muy bonito, pero para la mayoría de nosotros es complicado sentir amor. ¿Hay alguna manera de incrementar el amor en nosotros?*

Claro que la hay, acabo de darte la fórmula para hacer tus elecciones, iO:

## «Gracias, porque el amor ya es en mí»

Recitad esa frase una y otra vez, una y otra vez, una y otra vez. Meditad en ella. Hacedlo y comprobaréis como vuestro interior empezará a cambiar de la misma forma que todo vuestro entorno también lo hará. Dejaréis de suplicar que os den amor y empezaréis a dar amor. Alguien que rebosa amor no necesita que lo quieran, lo que necesita es querer y la consecuencia es que se le devolverá más amor.

Empezad por amar a las cosas que os rodean, a la gente que os acompaña, amad la vida y por encima de todo amaros a vosotros.

*—¿Y a ti?*

La mejor forma de amarme a mí es amándoos de verdad a vosotros mismos.

cultivad el amor,

sembrad amor

y cosecharéis amor

Cuanta más gente cultive el amor, más posibilidades tendréis todos de que vuestros deseos se hagan realidad. Tenéis la oportunidad de cambiar el mundo de verdad, tan solo es cuestión de meditar, respirar y hablar con el corazón utilizando las pautas que te he enseñado.

*—Tus palabras me dan ganas de vivir. Te doy las gracias por ello.*

Y yo te doy «la gracia» a ti y a todos aquellos que trabajen por convertir su vida en un tesoro, por cultivar y hacer crecer el amor dentro de sí mismos.

# Capítulo 10

# LA EXPERIENCIA TRASCENDENTAL
# DE PETER

El día transcurrió para Peter con normalidad. Acudió al banco como de costumbre. Durante el almuerzo con el señor Sullivan, le puso al día sobre los últimos acontecimientos de su vida y tras finalizar la jornada de trabajo se fue a una tienda de ropa. Era un día muy especial y quería presentarse de forma impecable en la cita que tenía con Sandy. Se compró varias camisas, un par de pantalones y una americana gris que, aunque de un estilo desenfadado y juvenil, tenía cierta elegancia. También se calzó unos zapatos nuevos que le daban a todo el conjunto el toque de distinción que él estaba buscando.

Sin perder un minuto se dirigió a su casa: quería prepararse a conciencia para la cita y no disponía de mucho tiempo.

A las cinco menos cuarto de la tarde Peter ya estaba en la puerta del salón de té. Se adentró en el mismo y eligió una mesa junto al gran ventanal que daba a la calle. Nada más hacerlo, pudo observar que en la acera de enfrente había una floristería, así que no se lo pensó dos veces, se levantó y se dirigió hacia ella de forma apresurada. Lo tenía claro: quería sorprender a la mujer de sus sueños.

Como si de un proyectil se tratase, irrumpió en la tienda dispuesto a realizar la compra lo más rápido posible. Sin embargo, el intenso olor a naturaleza y la mezcla de aromas le hicieron sentirse de forma particular. Era como si aquella atmósfera le hubiera conectado súbitamente con algo especial o con «alguien» que le hacía sentirse muy tranquilo y sosegado, nada alterado, relajado.

Desde esa serenidad llevó a cabo un barrido con su mirada por todo el espacio, intentando encontrar la flor con la que más podría sorprender a su dulce Sandy. No fue difícil: enseguida observó un gran recipiente lleno de rosas blancas que llamaban la atención por la luminosidad que desprendían entre el resto de plantas y flores que llenaban aquel espacio. Se acercó a la mesa sobre la que se encontraban para verlas con detenimiento y, cuando las tuvo delante, cerró los ojos e inspiró profundamente para disfrutar de la esencia de su fragancia. De forma tan inesperada como espontánea, surgió de la oscuridad de su mente la imagen de la mujer alada con la rosa blanca que había visto el día anterior en la tienda de café y dulces. Abrió los ojos y, sonriendo, volvió a realizar el gesto de complicidad ya característico en él cada vez que le pasaba algo parecido, cada vez que el lenguaje sutil se hacía presente en su vida.

Sin mediar palabra, solicitó a la vendedora que le preparara una de aquellas maravillosas rosas de la forma más esmerada posible. Así lo hizo la mujer. No necesitaba que nadie le explicara la función de aquella flor, tan solo tenía que observar el brillo en los ojos de Peter y la sonrisa que esbozaba su rostro para comprenderlo. No le defraudó, la adornó con un gran celofán, florecillas blancas de paniculata y unas cintas doradas que le daban a todo el conjunto un aspecto más espectacular.

Tras pagar y darle las gracias a la señora, salió de la floristería para dirigirse al encuentro esperado. Nada más hacerlo se percató de que Sandy estaba a punto de entrar en el salón de té, ante lo cual no le quedó más remedio que llamar su atención de alguna manera.

—¡Sandy! —gritó el apuesto joven desde el otro lado de la calle.

—¡Hola, Peter! —contestó ella mientras le saludaba con la mano y contemplaba cómo el joven se apresuraba a cruzar la calle.

—Toma, Sandy, te he comprado esta rosa.

—¡Oh! Gracias, Peter, es preciosa. ¿Cómo lo has sabido?

—¿Cómo he sabido el qué?

—Que las rosas blancas son mis favoritas.

—Pues… —Peter se quedó pensativo durante un instante antes de darle una respuesta—. Sinceramente, si te lo contara no te lo creerías.

—¿Sabes por qué me gustan las rosas blancas, Peter?

—Pues no, tú dirás.

—Porque simbolizan la inocencia y la pureza.

—Claro, claro. No podía ser de otra forma tratándose de ti —afirmó Peter sonriendo y volviendo a realizar su característico gesto de complicidad, al comprobar como el lenguaje sutil se manifestaba de forma tan clara.

—¡Oh, gracias! Lo tomaré como un cumplido. ¿Pasamos dentro?

—Por supuesto, tú primero.

Los dos jóvenes se adentraron en el salón y permanecieron allí durante casi dos horas. Disfrutaron de una intensa conversación dedicada a conocer los detalles de sus vidas. Sandy habitualmente se hacía preguntas sobre el sentido de su vida. Desde que se había encontrado en el parque con Peter, algo le hacía pensar que él si tenía muchas respuestas y, ansiando conocerlas, no dudaba en preguntarle una y otra vez.

Durante todo el tiempo él permaneció sereno, sobrio, entero, hablando con una seguridad que nunca antes había experimentado. Se sentía transformado, embarcado en un estado diferente al habitual. Esa forma de ser y estar le permitía expresarse libremente, sin tener que pensar demasiado. Así, de esa manera, sin ser muy consciente del tiempo, el joven le resumió lo más importante de cuanto le había sucedido en relación al conocimiento que había adquirido a través de «El libro de iO».

Al descubrir que se había hecho tarde decidieron irse. Fue entonces cuando él le solicitó acompañarla hasta su casa y ella aceptó de buena gana.

Por el camino, Sandy era quien más hablaba, mientras, el galán la escuchaba con atención, sin pestañear, disfrutando del momento soñado.

A Peter todavía le costaba creérselo. Estaba junto a su amor, paseando y hablándole tal y como lo había imaginado, algo que apenas hacía una semana le hubiera resultado impensable.

Habrían pasado unos diez minutos cuando se encontraban ya en una de las calles aledañas a la avenida donde vivía Sandy. De pronto al llegar a una intersección y doblar la esquina, Peter se detuvo de repente y comenzó a observar detenidamente los edificios que los rodeaban.

—¿Ocurre algo, Peter? —preguntó Sandy extrañada al ver sobrecogido al joven.

—No, disculpa, es solo que... —Peter intentó contestar titubeando pero de inmediato se quedó sin palabras.

—Es solo que... ¿qué? —preguntó Sandy en su afán por descubrir lo que le estaba ocurriendo.

—¡Sí, ya lo tengo! Yo he estado aquí hace poco y allí es donde ocurrió —exclamó Peter excitado mientras señalaba una ventana situada apenas a unos metros de distancia—, fue en aquella ventana, ¡sí, en esa, estoy seguro!

—No entiendo nada, Peter. ¿Se puede saber de qué estás hablando? —replicó Sandy mientras observaba extrañada el rostro desencajado de Peter.

—¡Esto es increíble, Sandy! —gritó Peter mientras se llevaba las manos a la cabeza—. Hace unos días pasaba por aquí camino del metro, de pronto una ráfaga de viento arrancó una flor de la maceta que hay en el alféizar de aquella ventana y atravesó la calle volando hasta posarse encima de mi hombro. Lo más increíble es que tomé esta calle aquel día porque venía de comprar un puzle en una tienda que está a un par de manzanas. Y no te lo vas a creer: el cuadro del puzle es una especie de ángel, una mujer con el pelo dorado que sostiene en la mano una flor idéntica a la que voló hasta mi hombro, una flor de pensamiento de color azul, negro y amarillo.

—¡Peter, por Dios!—exclamó Sandy exaltada—, ¡ese es el alféizar de mi ventana!, ¡esa es mi casa!

***

## EL LIBRO DE iO

### ¿Soy o no soy?

*Hacia dónde voy si no sé quién soy.*
*Si no sé quién soy, ¿soy o no soy?*
*¿Dónde estoy si no sé quién soy?*
*Si no sé quién soy, ¿soy o no soy?*

*Quiero saberlo, anhelo conocerlo.*
*Entretanto observo, contemplo,*
*me enervo y me contengo,*
*me sobrecojo y espero.*

*Desespero y espero un*
*susurro de mi alma,*
*un reflejo de mi conciencia*
*que me haga despertar,*
*que me deje recordar.*

*Abrumado por lo que veo,*
*me despojo de los sentidos,*

*me refugio en el silencio*
*apagándome por fuera y*
*encendiéndome por dentro.*

*Hacia dónde voy si no sé quién soy.*
*Si no sé quién soy, ¿soy o no soy?*
*¿Dónde estoy, si no sé quién soy?*
*Si no sé quién soy, ¿soy o no soy?*

*T*ras *los últimos versos* iO *reposó la mano sobre el cuaderno. Apenas había pasado un instante y una vez más, sin esperarlo, el joven se supo pensado, se sintió abrazado y empezó a escribir lo que se le dictó:*

Escribe iO, escribe:

Tenéis la oportunidad de evolucionar no solamente a nivel orgánico, como especie, también podéis hacerlo en el universo trascendental tomando consciencia de cada una de las partes que lo forman y trascendiéndolas.

## Evolución trascendental

### Trascender la nada

En el estado de la nada soy; no estoy.

—*¿Podrías repetirme eso, por favor?*

En el estado de la nada soy; no estoy, ¿lo comprendes?

—*Me cuesta mucho.*

Desde el estado de la nada es desde donde mejor puedo contemplar el todo, por eso en la nada es donde más soy.

La nada para vosotros es la causa original. Todas las demás manifestaciones en cualquiera de las realidades físicas o trascendentales son efecto. La causa de todo, el origen, está en la nada. Puede parecer una contradicción porque si no hay nada, yo tampoco debería ser, pero es así, soy el todo, las partes y la nada.

Desde el todo puedo contemplar las partes, desde las partes puedo contemplar el todo, desde la nada puedo estar en el todo y las partes, lo puedo abarcar y contemplar todo.

## Trascender las partes

Vivid en el alma para trascender la vida, habitad en la conciencia para trascender el alma, ser en el todo para trascender la conciencia individual.

## Trascender el todo

—*¿Y quién eres tú?*

La idea más elevada que puedes tener de mí.

iO se quedó pensativo durante un instante en el que dejó de escribir. Tras la pequeña interrupción continuó expresando un pensamiento.

—*Para mí eres Dios.*

Llámame como quieras, pero lo realmente importante si quieres saber quién soy es que intentes trascenderme, en eso consiste la verdadera evolución trascendental.

—*¿Que intente trascenderte? Eso es imposible, no se puede trascender a Dios.*

Eso es una creencia.

—*¿Y acaso las creencias no son buenas?*

No se trata de si son buenas o no. Cada una ha cumplido su función en su momento, y lo siguen haciendo, pero ahora estáis en otro momento. La mayoría de las creencias tienden a limitar la idea de Dios y eso hace que quien las tiene crea en mí, pero a la vez se sienta separado de mí.

—*¿Entonces qué propones?*

Que cambiéis la creencia en Dios por la experiencia de Dios.

Quien tiene la experiencia de Dios ya no necesita creer en mí porque me vive. No tiene que recurrir a la fe porque me siente expresándome en su vida. Me experimenta dentro y fuera de su cuerpo, en cada una de sus células, en todo lo que le rodea.

—*¿Entonces debemos renunciar a las creencias, a las religiones?*

No, no es necesario que renunciéis a nada. Podéis trascenderlas sin renunciar a ellas. En cada uno habrán cumplido su función.

Tan solo se trata de que aprendáis a apreciarme en la naturaleza, vivir y convivir con ella, ahí es donde más real soy, donde más verdad hay sobre mí. Mires donde mires es imposible no verme. Mi inteligencia emana en todo lo que existe en vuestro mundo, en vuestro universo, en vuestro cuerpo. No hay nada que no esté donde tiene que estar sin ser consciente de ello. No hay nada que no se sienta unido a mí, excepto vosotros.

Amaos
a vosotros, amad a
## la naturaleza y me estaréis amando a mí.
Vividme en lo real y no necesitaréis creer en mí porque
me sentiréis, me experimentaréis. Quien tenga
la experiencia trascendental no necesitará
creer en mí, ya no necesitará la fe,
la habrá cambiado por mi experiencia.
La fe es para quien duda.
Quien me siente, quien me vive
ya no duda, no necesitará la fe.
Cambiad la creencia en mí
por mi experiencia, por
## la experiencia trascendental

—*Pero entonces los dictados que me estás dando también podrían considerarse una creencia, ¿también deberían ser trascendidos?*

Desde la primera palabra hasta la última que te he dictado hablan de tu experiencia conmigo. De quién eres tú y qué haces aquí. Eso es lo más importante. ¿Tú que los consideras, una creencia o una experiencia?

—*Una experiencia.*

¿Por qué?

—*Porque he tenido tantas pruebas de que todo lo que me ha sucedido ha sido tan real que no podría ser de otra manera.*

¿Y dónde has tenido esas pruebas, en tu mente?

—*No. En mi vida a través del lenguaje sutil, en la naturaleza, en mi cuerpo, en la gente con la que me he encontrado. Todo ha sido real, muy real.*

Pero es tu experiencia. Si alguien conociera tu historia en profundidad y tuviera acceso a los dictados que te he dado tendría que hacer una elección.

—*¿Cuál?*

Generar una creencia o vivir su experiencia.

—*Me temo que suele ser más cómodo generar una creencia basada en la experiencia de otros.*

Así es. Todos los textos llamados «sagrados» parten de la experiencia de una persona a partir de la cual se ha generado una creencia.

—*¿Entonces estos dictados son sagrados?*

¿Acaso te he pedido que me veneres o me rindas culto?

—*No, todo lo que me has dicho es para ayudarme a mí, para saber quién soy y qué hago aquí.*

¿Y te parezco sagrado?

—*Me pareces cercano y sobre todo natural, nada sobrenatural. Tú me has hablado de la luz, de los árboles, de la naturaleza. Me has enseñado a verte en ella, a sentirte en mi cuerpo, en mi naturaleza, a experimentar sus efectos, a sentirlos en mi vida. Eso me ha ayudado mucho a entenderlos y te doy las gracias por ello.*

Esa es la función de los dictados, que cualquiera que los lea pueda tener la experiencia trascendental.

—*Ahora lo entiendo, pero en cualquier caso creo que intentar trascenderte puede ser un ejercicio muy complicado para cualquiera.*

Lo sé, aunque en esencia tan solo depende de una cosa.

—*¿Se puede saber de cuál?*

Por supuesto. Del miedo a enfrentarse a mí. Ahí está la clave.

Para trascenderme el primer paso es no temer hacerlo. Si algún día lo conseguís os habréis trasformado en esa parte de mí, de vosotros que lo es todo, pero has de saber que tan

202

maravilloso como ser el todo es ser tú, ser parte y también ser nada.

## *Tú también eres el todo*

Es imprescindible que comprendáis que soy en todos y cada uno de vosotros y que todos y cada uno de vosotros sois en mí.

—*Eso no es fácil de asimilar.*

En ningún momento he dicho que lo sea, forma parte de le experiencia. Ahora es el momento de empezar a integrarlo, para que en el futuro la experiencia de la vida vaya evolucionando hacia la unión conmigo.

—*Pero eso es muy complicado para nosotros. Por muy bien que lo expliques y lo llames como lo llames, al final lo que me estás pidiendo es que me considere Dios, que yo sea Dios, que todos seamos Dios y eso es demasiado complejo, tanto para mí como para cualquier persona. Si ya es complicado creer en ti, convencernos de que nosotros somos tú me parece inalcanzable y llegados a este punto permíteme que te siga llamando Dios.*

Te lo permito todo, tú eliges, además ya hemos hablado sobre este tema. Lo realmente importante es que ese nombre o el que utilices no sirva para excluirte. Si lo prefieres así, entonces será mejor que reconstruyas tu última frase.

—*¿Te estás refiriendo a lo de: «Permíteme que te siga llamando Dios»?*

Sí, eso es.

—*Lo entiendo, debería escribir: «Permíteme que me siga llamando Dios»*

Exacto.

# Tú eres Dios, todos sois Dios

Lo esencial es que entiendas que tú eres Dios, que todos sois Dios. Vuestro mayor problema en este sentido es que cuando habláis de Dios os excluís. Siempre utilizáis esa palabra para referiros al todo y vosotros os dejáis fuera sin apreciar que el todo no puede concebirse sin las partes. Si solucionarais eso, darías un gran paso. Cada persona que sea capaz de trascender esa limitación habrá dado un gran salto, el mayor de su vida para sentirse más cerca de mí, pues habrá entendido que es Dios y que dentro de «La experiencia de Dios» es tan importante sentirse todo como sentirse parte.

La mayoría de los problemas de las personas se basan en el miedo a enfrentarse a ellos mismos. Imagínate si eso les da pánico, la idea de tener una relación normalizada con la representación que se han fabricado de mí les aterra.

La experiencia que tú estás teniendo en cuanto a la relación que has establecido conmigo es muy complicada para cualquier persona. Desde luego que cualquiera podría tenerla, pero la mayoría de la gente elige no hacerlo, entre otras cosas por el miedo al fracaso. Presuponen que alguien que tiene una relación directa conmigo es alguien exento de dificultades, pasando por alto que estas son una elección vuestra y mía y que cumplen una función: experimentar la separación.

## *Tu experiencia trascendental*

—*Cada información que me has dado en cada dictado me sobrepasa. Yo sé que con mi capacidad intelectual nunca podría desarrollar todo el conocimiento que tú me estás dando y eso me ayuda a considerar que todo lo que me está ocurriendo es real, pero a veces no puedo evitar dudar y pensar si toda esta relación que tengo contigo no será fruto de algún mecanismo desconocido de mi mente. Otras veces intento imaginar qué ocurriría si le contara a alguien todo lo que me está sucediendo, todo lo que me cuentas y la forma en la que lo haces. Estoy seguro que nadie me creería. La mayoría pensarían que es fruto de mi imaginación, seguramente muchos dirían que soy un loco con aires de grandeza y si hubiera alguien que realmente diera crédito a esta experiencia, tendría que ser poniendo grandes dosis de fe de por medio. Llevamos toda la vida creyendo o no creyendo en ti, dudando de tu existencia, apoyándonos siempre en la fe, en la creencia.*

¿Por qué no dejas de dar rodeos y vas directamente a la cuestión esencial, iO?

—*¿Hay alguna forma de sentir tu presencia?*

Sí, la hay.

—*¿Cómo?*

Aprendiendo a sentir mi energía, vuestra energía, la energía que lo sostiene todo. Ya tratamos este tema en las explicaciones que te di sobre el sistema inteligente y la energía inteligente, ¿lo recuerdas?

—*Sí, claro que lo recuerdo.*

Ten en cuenta también lo que te dicté sobre «Las cuatro esencias»:

*La energía es
la conciencia en movimiento,
mi conciencia en movimiento.
Si sentís vuestra energía,
me estaréis sintiendo
a mí*

A través de la energía soy accesible y eso sí es real, es algo físico, se puede transformar en una certeza para vosotros. Podéis entrar en contacto con la energía inteligente de una piedra, de un río, de una planta, de un árbol, de una montaña, del aire, del sol, de las estrellas, de todo lo que existe.

—*¿Pero, cómo puedo hacerlo, cómo puedo llegar a sentir esa energía?*

Con una práctica similar a la que te he enseñado para aprender a crear vuestra realidad a través de las elecciones de la mente:

## Respirando, meditando y hablando con el corazón

Ahora, se trata de establecer una especie de diálogo entre tú y yo, en el que tú verbalizas con el corazón una serie de frases y yo te respondo con otras, aunque no oirás ninguna voz, simplemente permitirás que cada una de mis frases resuene en el silencio de tu mente.

—*¿Me puedes decir las frases que tengo que verbalizar?* Sería mejor que salieran de ti.

—*¿Cómo van a salir de mí?, yo no sé qué frases son.*

Vas a ver como si lo sabes, iO. Tan solo tienes que responderme a la siguiente pregunta trascendental con una respuesta esencial:

## ¿Quién eres tú?

*El joven se quedó paralizado y antes de que su mente reaccionara produciendo respuestas, la sumergió en la nada y esperó. Esperó algo más que un instante, algo menos que la eternidad, sin moverse, sin inmutarse, hasta que en algún momento apareció en su pensamiento:*

*Yo soy iO.*
*Yo soy la luz de mi alma.*
*Yo soy la esencia de mi conciencia.*
*Yo soy Dios*

Respuesta acertada. Esas son las cuatro frases que tú debes pronunciar. Ya sabes, tendrás que hacerlo con el corazón, dirigiendo la voz hacia el pecho, recreándote en la vibración de cada consonante, de cada vocal, haciendo que resuenen en tu cuerpo de la forma más profunda posible.

—*¿Y cuáles son tus frases?*

Las mismas que dicté el primer día que comenzó esta forma de relacionarnos:

*Déjame*
*que te piense,*
*déjame que te abrace,*
*déjame que te viva*

Cada una de estas frases actúa como una llave que os abrirá la puerta para que podáis sentir mi presencia. Con ellas me dejaréis entrar en vosotros.

«Déjame que te piense» es la llave para que desconectéis vuestra mente y conectéis con mi inteligencia. «Déjame que te abrace» es la llave para que me sintáis en vuestro cuerpo. «Déjame que te viva» es la llave para que permanezcáis en mí todo el día, para sentiros en mí siempre, para que seáis conscientes de que vivo en vosotros y vosotros en mí.

Haced esto cuando estéis afligidos y me necesitéis. Hacedlo también cuando estéis alegres y queráis compartir vuestra alegría conmigo.

—*Entonces, se trata de aprender a escucharte en el silencio que queda entre cada una de las frases que nosotros debemos pronunciar, como si tú nos respondieras interiormente.*

Eso es. Para empezar la práctica es conveniente aquietar vuestra mente y relajar vuestro cuerpo utilizando la respiración y la meditación tal y como ya te he enseñado:

Apagad
la mente
y encended
vuestro corazón.
Centrad la atención
en la respiración,

en la pausa
que hay entre
cada inspiración
y la siguiente exhalación,
entre cada exhalación
y la siguiente
inspiración.
Diluid vuestra
mente en
la nada,
y surgiré
de ella

Transcurrido el tiempo necesario para apaciguar la mente podéis empezar a realizar una serie de ciclos hablando con el corazón, hasta que empecéis a sentir mi presencia. Para ello comenzaréis el primer ciclo con una inspiración profunda. A continuación mientras exhaláis debéis verbalizar la siguiente frase con vuestro nombre durante al menos ocho segundos:

*«Yo soy …(vuestro nombre)»*

Tras la siguiente inspiración ha de hacerse una pausa respiratoria de al menos ocho segundos para que en el silencio de la mente aparezcan mis pensamientos con la siguientes frases:

*Déjame
que te piense,
déjame que te abrace,
déjame que te viva*

Dejad de pensar para ser pensados. El tiempo ideal para que mis pensamientos se fijen en vuestro silencio mental ha de ser también de al menos ocho segundos.

A continuación se trata de repetir el resto de las frases con las mismas pautas.

**Vuestra voz:**

*«Yo soy la luz de mi alma»*

**Mis pensamientos:**

*Déjame
que te piense,
déjame que te abrace,
déjame que te viva*

**Vuestra voz:**

*«Yo soy la esencia de mi conciencia»*

**Mis pensamientos:**

*Déjame
que te piense,
déjame que te abrace,
déjame que te viva*

**Vuestra voz:**
*«Yo soy Dios»*

**Mis pensamientos:**

*Déjame
que te piense,
déjame que te abrace,
déjame que te viva*

Una vez completado todo el proceso repetidlo una y otra vez durante al menos ocho minutos. Traspasado ese tiempo podéis seguir recitando hasta el momento en el que sintáis que debéis dejar de hacerlo. A partir de ahí podéis ir bajando la intensidad de la voz en cada ciclo hasta diluir el sonido por completo y quedaros inmersos en el silencio. Será entonces cuando os resulte más fácil sentirme en vuestro cuerpo, percibiendo su energía, la mía.

—*Por lo que veo se trata de utilizar los mismos tiempos que se usan para hacer las elecciones de la mente.*

Realizad la práctica durante más de ocho minutos os ayudará a convertiros en un atractor y emisor de luz con todas las consecuencias que eso tiene para vuestro entorno y vuestro cuerpo. Respetar esos tiempos facilitará que disfrutéis de un estado de calma y que se despierte la sensibilidad necesaria en vuestras manos y en vuestro cuerpo para apreciar sensaciones energéticas.

Esta práctica es una puerta hacia lo eterno que os pone en contacto con vuestra esencia y cuando menos lo esperéis empezaréis a recibir o recordar vuestra información.

—*¿Supongo que no será tan sencillo como para conseguir que la práctica que propones sea efectiva desde la primera vez?*

Depende de cada persona. Hay que entender que en esencia se trata de un trabajo orgánico y como tal requiere cierto nivel de destreza en el que también influirá el estado físico de cada persona.

—*¿Podrías aclararme esto un poco más?*

La percepción de la energía es algo sutil, sobre todo cuando alguien no está acostumbrado a sentirla. Un estilo de vida natural ayuda a que vuestra energía esté más equilibrada, fluya mejor por todo el organismo. Así, las percepciones energéticas se expresarán sin dificultad. Llevar una vida saludable, mantener el estado de calma y realizar una nutrición adecuada os ayudará mucho.

—*Y la postura, ¿es necesario utilizar alguna especial?*

Cualquier posición de las manos y de los brazos puede ser la correcta. Lo más importante es que estéis cómodos y que os dejéis llevar por lo que sentís en cada momento. Probad a hacerlo sentados, de pie e incluso en movimiento.

—*¿Pero en movimiento será más complicado?*

No necesariamente. Una buena práctica es que caminéis durante un buen rato recitando con el corazón; repitiendo una y otra vez la frase que hayáis elegido. Transcurrido el tiempo necesario cesad todo movimiento; sentaros y poco a poco id bajando la intensidad de la voz en cada repetición hasta desprenderos totalmente del sonido, a partir de ese momento estaréis en disposición de percibir unas sensaciones únicas.

Por último es necesario que tengáis en cuenta la importancia de los lugares en los que realizáis la práctica. Ya nos hemos referido a ello, ¿lo recuerdas?

—*Sí, me lo explicaste cuando me dictaste todo lo referente a los templos naturales.*

Simplemente se trata de que entendáis la influencia que tiene la energía del lugar en el que realicéis la práctica sobre vuestra propia energía.

Contemplad vuestro cuerpo como algo que también forma parte de la naturaleza, amadlo. Amad la naturaleza que os rodea y os acercaréis al estado en el que vibra y se mueve la energía que la sostiene. Da igual que sea un árbol, un río o una roca; empezad a ver todo lo que hay encima, debajo y alrededor de vosotros como lo que es, energía, mi conciencia en movimiento, vuestra conciencia en movimiento y amadla.

Respirad, meditad y hablad con el corazón siempre que podáis. Hacedlo una y otra vez hasta que logréis sentirme en vuestro cuerpo, percibir mi movimiento, y entrar en contacto con lo eterno, con lo infinito, con «lo real». Entonces podréis experimentar algo muy especial: os sentiréis pesados, muy pesados, como si estuvieseis hechos de hierro.

*iO se detuvo por un instante al ser consciente de la información que acababa de recibir, sin poder evitar que le asistieran ciertos recuerdos, y así lo expresó con su pensamiento.*

—*Es cierto. Eso me ha sucedido muchas veces antes de recibir tus dictados y también en determinados momentos de sosiego profundo en los que sin esperarlo me invadía la sensación de ser atraído hacia el suelo con mucha fuerza, como si de repente mi cuerpo se sintiera pesado, muy pesado, como si fuera de hierro.*

*¿Y bien?...*

—*Me estoy dando cuenta que lo que me estás enseñando es una forma de meditar en ti.*

*Y en ti.*

*En ese momento iO dejó de escribir al percibir en su corazón un sentimiento de amor hacia todo lo que veía, hacia él y su vida, mientras en su mente aparecía:*

*Soy como
el manto que te cobija,
soy tú y soy el manto*

211

*Entonces supo lo que tenía que hacer y lo hizo.*

*Tras cubrirse la cabeza con el manto y cobijarse bajo él, cruzó las manos sobre su pecho, abrazándose el corazón. Luego, comenzó a balancearse suavemente hacia delante y hacia atrás, como una madre o un padre que mece a su hijo entre sus brazos para calmarlo. En ese momento se sintió madre, padre y niño. Acto seguido hizo que su voz vibrara con cada vocal, con cada consonante de la siguiente frase: «yo soy iO»*

Yyyyyyyyyooooooooooo
sssssssssssoooooooooooyyyyyyyyyy
iiiiiiiiiiiiiiiOOOOOOOOOOOOOOOOOO

*Al terminar de vibrar la frase, dejó de mecerse y realizó una inspiración larga y profunda. Después de esto, se mantuvo sin respirar, prolongando una pausa en la que todo cesó hasta alcanzar el vacío mental. Nada se movía en el cuerpo, nada se pensaba con la mente, hasta que en mitad de esa vacío surgieron las palabras: «Déjame que te piense, déjame que te abrace, déjame que te viva».*

*iO comenzó a mecerse de nuevo mientras inspiraba y continuaba con la vibración de las siguientes frases, tal y como se le había explicado. Así lo repitió una y otra vez. Cuanto más lo hacía, mejor se sentía, tratando de alargar un poco más la pausa respiratoria en cada ciclo. Al cabo de un tiempo empezó a sentir, cada vez que se detenía, un movimiento energético que afectaba a todo el cuerpo. Era como un pulso que, poco a poco, se hacía cada vez más intenso.*

*No pensaba, no esperaba. Tan solo sentía cómo la energía crecía y en la misma medida la percepción de su cuerpo desaparecía, pues se encontraba cada vez más ligero, más etéreo.*

*Llegado el momento, entendió que poco a poco debía dejar de vibrar con la voz y cesar todo movimiento. Así lo hizo: progresivamente su voz se convirtió en un susurro cada vez más suave, menos intenso, a la vez que el* movimiento de su cuerpo era cada vez más lento, hasta que se quedó estático y en silencio.

A partir de ese momento, la sensación cambió por completo. Ya no se sintió ligero; más bien, todo lo contrario: como si fuese de hierro, pesado, muy pesado, y a la vez conectado a todo lo que se encontraba a su lado.

Era como si ese peso le cayera del cielo. Se sentía atraído por la tierra, como si fuera parte de los árboles que lo custodiaban, de la hierba sobre la que se había sentado, de la roca que tenía al lado y hasta del aire que lo envolvía.

De alguna forma, comprendió que estaba sintiendo el alma, acariciando su conciencia, yaciendo en el todo y que el todo yacía en él. Entonces se sintió eterno, porque desapareció el tiempo, y se apreció infinito mientras trascendía los límites del sitio en el que se hallaba.

Así permaneció hasta que llegó el momento de regresar a su espacio y a su tiempo. Entonces retornó y recordó...

## ¿Y ahora qué...?

Ahora es el momento de «evolutar».

iO *dejó de escribir tras recibir la última palabra, mientras intentaba comprender su significado.*

¿Por qué te sorprendes, iO?

—*No conozco esa palabra.*

Lo sé. ¿Acaso crees que ya están creadas todas las palabras?

—*Supongo que no, claro.*

Tranquilo, solo son eso, palabras. Es necesario que se diferencie «la evolución de la conciencia» del resto de conceptos para los que se utiliza la palabra evolución. «Evolutar» suena bien, ¿no te parece?

— *Sí, me gusta.*

Ahora estáis en un momento especial para la humanidad. Tenéis la posibilidad de dar un salto para mejorar la calidad de vida de todos, tan solo tenéis que cambiar algunos aspectos de vuestras vidas.

—*Pero, ¿cómo sería posible conseguir algo así?*

El primer paso sería que el amor fuera la bandera de vuestros gobernantes. Ellos tendrían que ser los primeros que propusieran el cambio. Hasta ahora, y a lo largo de toda la historia, de una u otra manera, siempre habéis sido gobernados por las personas que más poder han acumulado, nunca por las que más amor han cultivado. La herramienta más utilizada para conseguir el poder ha sido el miedo, no el amor.

—*Todo lo que dices suena muy bonito, ¿pero no es un poco utópico?*

Ya no. Ahora es el momento de cambiar las cosas.

—*¿Me estás sugiriendo una revolución?*

Dejémoslo en una re-evolución.

—*¿Y cómo debería hacerse?*

De uno en uno y desde dentro. Es imprescindible mejorar vuestra capacidad de amar si queréis dar el siguiente paso hacia la evolución trascendental. Es necesario que se vayan produciendo cambios a nivel genético.

—*¿Cambios genéticos? Y eso, ¿qué tiene que ver con el amor?*

Todo. Hasta ahora la evolución del ser humano ha venido marcada por cambios genéticos basados en la supervivencia y en mutaciones favorecidas por el mecanismo del miedo. Ahora estáis en un punto de inflexión en el que las mutaciones genéticas deberían empezar a producirse por la experimentación masiva y continua del amor. Para ello es imprescindible que el número de individuos de la especie humana que cultivan el amor empiece a superar, con creces, al número de individuos que cultivan el miedo y sus derivados: la ira, el odio, la envidia.

—*¿Pero eso llevará millones de años?*

Te sorprendería la velocidad a la que la luz puede cambiar las cosas. Ese es el otro elemento que junto con el amor debéis incorporar en vuestra vida cotidiana para que realmente podáis evolutar, para que el cambio genético del que acabo de hablarte empiece a producirse.

—*¿Te refieres a la iluminación?*

Sí, me refiero a la iluminación natural. La luz es el gran acelerador de la evolución.

—*¿Y cómo deberíamos hacerlo?*

Con la mente y el cuerpo. Por un lado haciendo la elección con la mente tal y como te he enseñado y por otro aprendiendo a recibir la luz de forma natural.

—*¿Cuando hablas de hacer la elección de la mente te refieres a respirar, meditar y recitar con el corazón una frase que contenga la elección?*

Eso es:

## «Gracias, porque la luz ya es en mí»

Recitad esa frase una y otra vez, una y otra vez. Os convertiréis en atractores y repartidores de luz. Respirad, meditad y recitad con el corazón esa frase al alba, con las primeras horas del día, mirando al horizonte; es el mejor momento. Esa luz es muy suave y podéis observarla antes de que aparezca el disco solar.

—*¿A eso te referías cuando me has dicho que tenemos que aprender a recibir la luz de forma natural?*

Sí, tú ya has aprendido a hacerlo. Si queréis tomar la luz durante el resto del día sin hacerlos daño en la vista, lo más conveniente es hacerlo observando el sol a través de los árboles hasta que consigáis vislumbrar una especie de aureola multicolor formada por los rayos. Sentaos frente a un árbol para respirar su luz, meditar en en la luz y recitar la frase con el corazón una y otra vez.

## «Gracias, porque la luz ya es en mí»

Tomad la luz a través de los destellos que se producen al reflejarse el sol en el agua, en la superficie de un río, un lago o el mar. Al igual que las hojas de los árboles, el agua también actúa de filtro. Buscad una postura cómoda y respirad su luz, meditad en la luz frente al agua y recitad la frase con el corazón una y otra vez, una y otra vez.

## «Gracias, porque la luz ya es en mí»

Mirad por la noche las estrellas, contempladlas como lo que son, conciencias en movimiento de las que emana luz, su luz. Ellas también pueden iluminaros. Respirad la luz de las estrellas, meditad en ellas y recitad la frase con el corazón una y otra vez.

## «Gracias, porque la luz ya es en mí»

—*Nunca hubiera visto la luz de la forma en la que me la estás explicando. Jamás habría reparado en ninguno de los detalles que me has revelado. Llevamos toda la vida bajo el sol y las estrellas sin ser conscientes de la importancia que tiene su luz en nuestras vidas.*

Para vosotros la nutrición a través de la luz debe ser tan importante como la nutrición a través de los alimentos. Tenéis que empezar a incorporarla en vuestro día a día si queréis cambiar vuestra calidad de vida.

La luz no solamente os puede impulsar vuestro despertar, sino que también puede contribuir a producir cambios físicos en vuestro cuerpo para mejorar vuestro estado de salud, prevenir enfermedades y sanar muchas de las que padecéis.

—*¿Cómo podríamos conseguir eso?*

Tal y cómo te he enseñado. Respirad, meditad en vuestro cuerpo y recitad con el corazón una y otra vez:

## «Gracias, porque mi cuerpo está lleno de luz y la sanación ya es en mí»

Cuidad de vuestro templo, llenadlo de luz cada día y los cambios en vuestro organismo se sucederán con más velocidad de la que podéis imaginar.

Es el momento de que entendáis la iluminación como un proceso natural. Dejad de considerarla como algo místico, divino o sobrenatural. Ahora hay que entender que la iluminación es el medio natural gracias al cual todos los seres humanos pueden tener una relación directa conmigo a partir del autoconocimiento, de descubrir quiénes son y qué hacen aquí, de recordar cuál es su plan.

—*Me vas a permitir que piense una vez más que eso no es fácil y tampoco creo que haya mucha gente que lo haya conseguido.*

Más de los que te puedas imaginar, iO.

A lo largo de la historia, he inspirado a muchos filósofos, le he susurrado a poetas y en algunos casos he transmitido una parte del conocimiento en forma de «revelaciones». Los indios norteamericanos aprendieron a conectarse conmigo a través del espíritu del árbol, del espíritu de la pradera, de la montaña o del águila. Los mismo sucedió con los pueblos indígenas de Sudamérica, ellos también me identificaban en la naturaleza.

Hace miles de años los egipcios ya se dieron cuenta de que existía una inteligencia inmanente en toda la naturaleza, en el sol, en las estrellas, en los animales y dejaron constancia de ello transmitiéndolo a su manera. «El Tao» ayudó a que una concepción parecida, pero con otras palabras, se extendiera por una gran parte de Asia. El hinduismo, el judaísmo y muchas otras religiones a lo largo de la historia se han sostenido en lo que soléis llamar «textos sagrados», los cuales están repletos de narraciones sobre personas que han tenido una experiencia trascendental.

Algunos de mis mensajeros han cumplido su función en secreto sin dejar constancia de ello y en otras ocasiones, una parte de su función consistía en que su vida y sus obras trascendieran la historia en el tiempo.

—*¿Cómo por ejemplo Buda, Mahoma o Jesús?*

Hay muchos más, pero ellos son un buen ejemplo.

Buda aportó la iluminación, Mahoma «el recuerdo de Dios» y Jesús contribuyó a que hoy muchos de vosotros tengáis acceso directo al *todo*.

Cuando Jesús hablaba del Padre, se refería a la conciencia del todo, la misma desde la que te hablo a ti. Gracias a Él, hoy tú y muchos como tú podéis tener la experiencia que estás teniendo y que otros ya tuvieron.

Lo importante es que desde la conciencia podéis entender la vida, diseñar vuestra vida, sanar, hacer realidad vuestros sueños y comprender la verdadera realidad; vivir en mí. Eso es lo que hacía Jesús.

Cada viviente tiene programado un día y una hora para que se inicie la experiencia trascendental en él, para que se produzca el rencuentro conmigo. Tan solo hay que estar preparados y esperar que llegue el día y la hora.

## ¿Y después…?

—*¿Puedo hacerte una pregunta?*

Por supuesto.

—*¿Qué sucede cuando abandonamos la vida?*

Una vez que ha transcurrido la vida y abandonáis el cuerpo, todos tenéis la capacidad de construir vuestro propio universo de las almas, en función de lo que habéis vivido y experimentado durante vuestra vida. También podéis elegir habitar en la conciencia e incluso ser el todo.

Cuando un alma regresa a lo eterno adquiere plena consciencia de quién era, lo recuerda todo. Esa sensación es especial. Después de haberse sentido tan alejadas de mí, volver a estar tan unidas les proporciona una experiencia única. Además, el abandono del cuerpo y de la limitación que produce vivir en la materia generan una sensación de liberación, de ligereza, tan grande que resulta indescriptible.

Cuando un alma se desprende del cuerpo se pierden todos los efectos físicos que este produce. Mientras estáis en la vida no los percibís como tales porque convivís con ellos. Es necesario liberarse del cuerpo para ser conscientes de que este actúa como una especie de prisión que mantiene al alma atrapada durante toda la vida. Para el alma esa es una sensación muy pesada. Solo se siente liberada en cierta medida durante las fases del sueño profundo o en los estados de meditación, justo en esos momentos en los que se siente que la mente se diluye por completo y se va a otro lugar.

—*¿Y durante la vida el alma no recuerda quién era?*

Depende de las elecciones que cada alma haya hecho. Si ha elegido tener experiencias de unión y entre ellas está «el despertar del alma», irá teniendo muchas dosis de recuerdo a lo largo de su experiencia de vida. Esas porciones de recuerdo le servirán para saber quién era antes de nacer, quién la acompañaba entonces. Ese recuerdo le ayudará a moverse por la vida, le resultará más fácil reconocer a las otras almas con las que configuró su plan, con las que pactó encontrarse a lo largo de la vida para tener las experiencias que eligió tener.

## Un viaje estelar

Ahora que conoces los misterios del alma es el momento de que sepas algo más sobre las conciencias individuales.

—*¿Por ejemplo?*

El viaje de las conciencias.

—*¿Las conciencias viajan?*

Lo hacen continuamente, de estrella en estrella a través de la luz.

Antes de que tu nacieras, tu conciencia ya estaba habitando en otras estrellas y lo sigue haciendo. Las conciencias individuales llevan toda la eternidad experimentándose a través de la luz que recorre el universo. Es necesario un entorno físico para recrearse en el espacio y el tiempo. De alguna manera se podría decir que ellas crearon las estrellas y todo el universo; y lo siguen haciendo, por eso continúan naciendo estrellas nuevas.

Para una conciencia la experiencia de estar conectada a un cuerpo a través del alma de una persona es algo extraordinario. Gracias a las sensaciones que le proporciona el cuerpo y a las percepciones que le suministra la mente puede experimentar la ilusión del tiempo, pero es como si esa experiencia le supiera a poco y para prolongarla más lo que hace es dar saltos de estrella en estrella.

—*¿Y cómo lo hace?*

La luz trascendental también actúa como una especie de memoria en la que se almacena toda la información sobre la vida de cada persona. Ya sabes que donde hay luz física hay luz trascendental. Cuando una conciencia salta a una estrella más lejana que el sol, lo hace utilizando una emisión de luz solar y arrastra con ella la luz con la información de la vida de la persona en la que se está experimentando. Cuantos más saltos realice la conciencia, de estrella en estrella, más dilatará la experimentación de la vida de esa persona en el tiempo.

—*Pero, cada vez que la conciencia salta de estrella en estrella, aunque viaje a través de la luz, cada salto dura millones y millones de años.*

Por eso lo hace, para regenerar la experiencia en cada salto y recrearse tanto en el viaje como en su estancia en cada estrella. Lo que para vosotros en el universo físico es un tiempo imposible de concebir, en el universo de las conciencias es algo menos que un instante.

—*Entonces las conciencias dónde están, ¿en el universo trascendental o en el universo físico?*

En los dos. Cuando una conciencia en su viaje por el universo físico supera la velocidad de la luz salta al universo trascendental. Ese salto lo están dando continuamente y es en él donde radica justamente la experimentación del tiempo. La velocidad de la luz es la que marca el límite entre la experiencia del espacio-tiempo y la eternidad infinita.

—*Todo esto es muy complicado de integrar en mi mente, apenas puedo imaginarlo.*

Lo sé, pero es así y forma parte de tú experiencia, de la experiencia de todos vosotros.

*iO dejó de escribir y se tomó unos segundos para releer todo lo que había escrito sobre las estrellas y las conciencias. Desde que recibía los dictados, nunca se había tomado la libertad de interrumpir la escritura para leer lo escrito, pero su curiosidad era tal que necesitaba hacerlo.*

—*Por lo que he entendido cuando una persona fallece, su conciencia abandona el sol y salta a una estrella más lejana, ¿es así?*

Así es, se recrea en esa estrella durante el mismo tiempo que experimentó la vida en la Tierra, después salta a otra estrella y así sucesivamente, pero es muy importante que tengas claro que las conciencias además de experimentarse en el sol lo están haciendo a la vez en otras estrellas.

—*Sé que puede parecer una locura lo que te voy a preguntar, pero necesito hacerlo. ¿Es posible que cualquier persona pueda contemplar una estrella en la que se está experimentando un ser querido que ha fallecido?*

Absolutamente sí, y es algo tan real como el suelo que pisas, como el aire que respiras. Vuestros seres queridos os contemplan desde las estrellas. Ya habitaban en ellas antes de nacer en la vida y lo siguen haciendo. A través de la luz trascendental sus almas pueden seguir conectadas a las vuestras. Aunque para vuestra mente es imposible asimilarlo en su totalidad, ha llegado el momento de que empecéis a asumir todo lo que te estoy contando. Vuestros seres queridos, aquellos que ya han abandonado la vida están ahí, en las estrellas, iluminándoos con su luz.

—*Pero eso es una gran noticia para nosotros. Cuando perdemos a alguien no es lo mismo imaginárnoslo en el universo de las almas o de las conciencias que saber que está en una estrella y que podemos contemplarlo cada noche.*

Lo sé, las estrellas son algo real, físico, están ahí cada noche esperando que habléis con ellas, que las miréis, que las consideréis como lo que son; conciencias.

—*¿Y cómo podemos saber en qué estrella está un familiar que ha fallecido, una persona que ya se ha ido? El cielo está plagado de ellas.*

Ya sabes cómo tienes que hacerlo. Construye una frase con tu deseo, respira, medita bajo las estrellas y recítala con el corazón una y otra vez, una y otra vez.

«Gracias, porque ya sé en qué estrella habita la conciencia de ..........»

Haz una meditación en el alma y en la conciencia de esa persona; pídele que te haga saber en qué estrella está habitando. Antes de lo que imaginas el lenguaje sutil y la conciencia intermedia se encargarán de que recibas las señales para saber a qué estrella debes mirar.

—*Todo lo que me estás contando sobre las estrellas es demasiado bello, demasiado mágico para ser verdad. Me parece increíble.*

Las cosas más bellas del universo trascendental suelen ser las más reales y las del universo físico también.

—*¿A qué te refieres?*

Cualquier ser humano que quiera saber quién es debe empezar por entender que su esencia es estelar y lumínica.

## sois seres estelares

Estáis hechos de estrellas, contenéis su esencia, se podría decir que sois «hijos de las estrellas».

## La gran revelación

Todo en la vida es más fácil de lo que parece, más esencial de lo que se puede imaginar. Todo se reduce a dos cuestiones, ¿qué es lo que queréis experimentar en cada momento?, ¿la unión o la separación?

Es cuestión de elegir, pero debes comprender que en este momento, experimentar la separación del todo, sigue siendo uno de los sentidos de la vida, incluso para las almas que han elegido despertar.

No todas las almas saben que la conciencia individual es su esencia, ni que en ese estado es en el que más cerca pueden estar del todo, incluso ser el todo.

—*¿Entonces no todas las almas han renacido en la conciencia?*

Depende de la elección que haya hecho la conciencia de cada alma, pero ya está creada la experiencia de que todas las almas renazcan en la conciencia y tú estás contribuyendo mucho a crear esa experiencia gracias a la relación que estás teniendo conmigo.

—*Pero si yo no he hecho nada. Te confieso que cada vez que tengo esta experiencia me siento el ser más insignificante del mundo. Tú me haces sentir así. Yo no digo nada, no hago nada, no sé nada. Eres tú quien me lo dicta todo.*

Hiciste lo más importante.

—*¿Lo más importante?*

Sí, la elección.

—*¿Cuál de todas?*

La de ser uno de mis escritores. Mostraste mucho valor al hacer esa elección.

—*¡Pero si yo no soy escritor!*

Sí lo eres, ya lo verás.

—*¿Y por qué dices que yo he contribuido mucho a crear esa experiencia?*

Por la experiencia que estás realizando en la vida y su influencia en el universo de las almas gracias a todo lo que te estoy dictando.

—*¿Pero cómo puedo influir yo en el mundo de las almas o entre las almas, no lo entiendo?*

No lo puedes entender ahora. Necesitarás mucha perspectiva. La que te dará el tiempo. Cada persona que lea tus escritos, nuestros escritos, sufrirá una transformación en su vida que afectará inevitablemente a su alma. Las almas que se han encontrado o van a encontrarse contigo, las que han leído, van a leer o están leyendo en este instante estos escritos, será porque han hecho esa elección que en esencia es muy simple. Cualquier persona puede elegir la experiencia de despertar en la vida y renacer en la conciencia.

—*Discúlpame, pero sigo sin entender cómo estoy contribuyendo yo a que las almas descubran que su esencia es la conciencia individual. Yo no he hecho nada para que eso sea así.*

Lo estás haciendo en este mismo instante y lo has hecho cada vez que lo hemos explicado en tus escritos, en nuestros dictados. Ya está pasando. Muchas personas y sus almas lo están comprendiendo en este mismo momento, ahora están despertando en el alma y renaciendo en la conciencia.

—*¿Pero cómo?*

Lo están leyendo ahora en este libro, en tu libro, en nuestro libro.

—*¿En mi libro, en qué libro?*

En «El libro de iO».

—*Pero si yo no he escrito ningún libro.*

Lo estás haciendo en este momento, y todas esas personas y sus almas lo están leyendo ahora.

—*Pero eso no es posible hacerlo aquí.*

Sí lo es. Te aseguro que muchas de las personas que hayan leído los últimos párrafos habrán percibido un atisbo de lo eterno. Habrán comprendido, gracias a tu elección y a la de ellos, que un evento puede estar creándose, experimentándose y recordándose al mismo tiempo.

Todas aquellas personas que hayan descubierto que su alma pertenece a su conciencia, cuando regresen al universo de las almas, acudirán directamente al encuentro con ella, con su conciencia individual. Habrán despertado en el alma y renacido en la conciencia. Habrán «evolutado».

—*¿Y el libro, dónde está el libro del que hablas?*

Lo tienes entre tus manos. Lo tienen entre sus manos todas las personas que lo están leyendo en este preciso instante.

Te noto afligido. iO.

—*No es fácil asimilar todo lo que me has dicho hoy.*

Lo sé.

—*Tengo miedo.*

¿De qué?

—*De no saberlo hacer.*

No tienes que hacer nada. Ya está todo hecho. Ya lo hemos hecho. Has sido muy valiente haciendo esta elección antes de nacer y realizándola con tu vida, en tu persona. Deberías sentirte de una manera especial.

—*¿Cómo?*

Deberías sentirte realizado.

—*¿A qué te refieres?*

Has «realizado» *la experiencia de Dios* en ti.

—*Me gusta que por fin te nombres Dios*

Lo sé, por eso lo hago.

*De pronto se hizo el silencio interior y el bolígrafo de iO se desvaneció entre sus dedos. Sin mediar razonamiento alguno sintió que algo había cambiado en el último dictado.*

*Con cierta desazón volvió a tomar el bolígrafo entre sus dedos y expresó lo que su corazón le dictaba en aquel preciso instante.*

—*Siento como si te estuvieras despidiendo.*

No puedo despedirme de ti porque siempre viajamos juntos. Yo soy el tren y tú el conductor. Digamos que hemos llegado a una estación y tú dispones de un tiempo de espera mientras unos viajeros se suben y otros se bajan.

—*Lo siento, pero me viene grande, muy grande, todo lo que me dices. Una vez más me hace sentir pequeño, muy pequeño y sigo sin saber qué he de hacer.*

Ya te he dicho que no hay nada que hacer, que ya está todo hecho.

Eres un mensajero más. A partir de ahora, si se me ha entendido bien, cualquiera podría serlo. Tan solo es necesario normalizar la relación conmigo. Durante todo este tiempo te he explicado la forma de hacerlo y te he dado las herramientas para que esté al alcance de cualquier persona.

Quiénes lean estos dictados me estarán leyendo a mí, se estarán leyendo a ellos, sabrán reconocerse, descubrirán quiénes son porque despertarán, recordarán y se iluminarán para poder recibir la parte de conocimiento que hay reservada para cada uno de ellos, esa parte que les hará saber quiénes eran antes de nacer y qué hacen aquí.

Es muy importante que quien lea nuestros dictados, sus dictados comprenda lo siguiente: «Todo el conocimiento que te he dictado no es para generar una creencia, es para vivir una experiencia».

—*¿La experiencia de Dios?*

Sí, «la experiencia trascendental».

—*¿Y qué debo hacer con mi vida?*

Seguir viviéndola tal y como lo estás haciendo, quiérete, ámate de verdad y demuéstratelo cada día cuidándote, cuidando de tu naturaleza, de tu cuerpo, de la naturaleza en la que vives.

Tienes dos formas de nutrirte: a través de la luz y a través de los alimentos. Ambas has de realizarlas con esmero.

No ingieras alimentos envenenados ni sustancias perjudiciales para la salud de tu templo, de tu cuerpo.

Sigue tomando la luz del sol a través de los árboles. Nútrete con los destellos que brotan sobre la superficie de un río, de un lago o del mar. Aliméntate con los reflejos de luz que desprenden las gotas de rocío al amanecer.

No dejes que pase un día sin dedicar unos minutos a contemplar el fondo del cielo azul, no dejes que pase una noche sin disfrutar de la luz de las estrellas.

—*¿Entonces esto es el final del libro?*

No, no hay un final, mis libros nunca se acaban.

—*¿Y ahora qué?*

Deja que el bolígrafo se desvanezca de nuevo entre tus dedos, cierra el cuaderno y cuando me necesites tan solo tienes que abrirlo por cualquier página y leerme. No importa por cuál lo hagas, estoy en todas.

Cada vez que lo leas me estarás leyendo a mí, te estarás leyendo a ti. Cada vez que lo tengas entre tus manos estaré en ti, estarás en mí. Cada vez que lo recuerdes me recordarás a mí.

—*Perdona que insista, pero me sigue dando la impresión de que te estás despidiendo de mí.*

Yo no puedo estar sin ti.

—*Ya, entiendo el sentido de lo que me acabas de decir, pero me refiero a la forma en la que tenemos de comunicarnos.*

Tan solo es un cambio de estación. Recuerda que yo soy el tren y tú el conductor. Ahora vamos a seguir juntos en nuestro viaje. No tardaremos mucho en llegar a la siguiente estación, mientras tanto tú solo tienes que dejarte llevar, sin salirte del camino, de «la vía».

iO *permaneció inmóvil durante un instante sin saber qué hacer ni qué decir, intentando encontrar las palabras adecuadas para afrontar aquel momento tan inesperado. Cerró los ojos y se adentró en medio de la nada, y como por arte de magia su corazón se llenó de un sentimiento de gratitud que su mente tradujo a palabras a través de su mano, de sus dedos, de su bolígrafo:*

*Gracias porque mi conciencia*
*ya ha renacido,*
*porque mi alma está despierta*

*y me ilumina,*
*porque mi mente se ha apagado*
*y mi corazón se ha encendido,*
*porque mi cuerpo está lleno de luz*
*y la sanación ya es en él.*
*Gracias porque soy vida*
*y estoy en la vida,*
*porque soy luz*
*y estoy en la luz,*
*porque soy conciencia*
*y estoy en la conciencia,*
*porque soy Dios*
*y estoy en ti, y*
*Tú estás en mí.*

Esa oración es muy bonita, deberías decírtela cada día, te ayudará a recordar quién eres y qué haces aquí.

—*Presiento que no es mía...*

Sí, lo es. Lo mío es tuyo.

—*Gracias por la experiencia.*

Gracias a ti.

—*¿Seguro que no es un adiós?*

No. Es imposible separarnos, pero si necesitas ponerle palabras a este momento sería más adecuado decir que es un «con Dios».

—*Claro, con Dios...*

«Con Dios».

\*\*\*

Peter cerró el libro y se quedó pensativo sobre la cama tras leer las últimas palabras.

Durante unos instantes intentó reflexionar sobre todo lo que le había sucedido desde que Charles había aparecido en su vida. Trataba de encontrar una explicación a todo lo ocurrido, se preguntaba qué hubiera pasado si «El hombre que tocaba el piano con los ojos cerrados» en vez de entrar a beber agua en El Escocés lo hubiera hecho en otro lugar. Pensó entonces que nada de lo que le estaba pasando últimamente habría ocurrido de no haberse dado ese hecho, en apariencia fortuito.

De súbito comprendió lo trascendente que puede llegar a ser cualquier momento, cualquier instante de la vida de una persona por insignificante que pueda parecer. Este pensamiento le llevó a una conclusión: estaba convencido de que las señales que había empezado a percibir siempre habían estado en su vida, aunque nunca las había apreciado debido al velo de la ignorancia.

Tras las últimas reflexiones apagó la luz para dormir.

*\*\**

Peter abrió los ojos y se quedó observando detenidamente el rayo de luz que penetraba por la rendija de la persiana de su habitación. No pudo evitar recordar que esa misma visión unos días atrás le había empujado a visitar Hyde Park y gracias a ello se había encontrado con Sandy. De la misma forma que aquel día, el joven sintió la necesidad de acudir otra vez al mismo lugar. Se aseó, desayunó y cuando iba a cerrar la puerta de la casa se quedó observando el manto que le había regalado Charles. Sintió una especie de impulso que le llevó a colocárselo alrededor del cuello, como si fuera una bufanda. Acto seguido, cerró la puerta y se dirigió hacia el metro.

En cuanto llegó a la estación de Hyde Park, Peter se apresuró a dirigirse hacia el parque en busca del círculo de árboles en el que se había encontrado con Sandy. Nada más entrar en él, se preguntó si aquel lugar sería uno de los templos naturales a los que se refería «El libro de iO».

Una vez situado en el centro del círculo dirigió su mirada hacia el árbol más grande. No pudo evitar sorprenderse de nuevo al contemplar los rayos del sol atravesando las ramas, formando una especie de halo multicolor.

Sin apenas pestañear permaneció ensimismado ante el esplendor de aquella estampa hasta que en su mente apareció una imagen, la palabra «iO». Entonces recordó la explicación que Charles le había dado sobre el significado de la misma: «el ser humano frente al infinito».

Como si de una revelación se tratase, Peter se sintió la «i» frente a la «O» y comprendió que él también era iO. Sin dejar de mirar al sol, se sentó con las piernas cruzadas sobre la hierba y un nuevo recuerdo apareció en su pensamiento; una frase del libro en la que se le decía a iO: «Yo soy como el manto que te cobija, soy tú y soy el manto».

Sin pensarlo dos veces, tomó el regalo de Charles y se lo puso sobre la cabeza. Enseguida recordó lo que le dijo su amigo: que cuando llegara el momento sabría lo que tenía que hacer con aquel manto.

Con la mirada fija en el árbol, se dejó llevar arrastrado por un impulso y con voz profunda comenzó a recitar mientras hacía vibrar cada vocal, cada consonante de su nombre y de la frase que lo acompañaba tal y como había aprendido a hacerlo en «El libro de iO»:

*«Yo soy Peter»*

Sin pensarlo porque ya estaba siendo pensado, sin fingirlo porque estaba siendo sentido, sin esperarlo porque estaba siendo vivido, aguardó hasta que en el silencio de la mente apareció:

*Déjame*
*que te piense,*
*déjame que te abrace,*
*déjame que te viva*

Tomó aire profundamente y de la misma manera vibró:

*«Yo soy la luz de mi alma».*

Peter esperó hasta que en su mente apareció:

*Déjame*
*que te piense,*
*déjame que te abrace,*
*déjame que te viva*

Volvió a respirar y a vibrar:

*«Yo soy la esencia de mi conciencia».*

De nuevo, entre el silencio surgió:

*Déjame*
*que te piense,*
*déjame que te abrace,*
*déjame que te viva*

Por último vibró desde lo más profundo de su corazón:

*«Yo soy Dios».*

Y una vez más de la nada brotó:

*Déjame*
*que te piense,*
*déjame que te abrace,*
*déjame que te viva*

Así lo hizo por primera vez y muchas veces más, hasta que un día Peter recordó:

Quién era él y qué hacía aquí…

# El Libro de tus deseos

*P*uedes utilizar las siguientes páginas en blanco para anotar las frases con tus elecciones, con tus deseos. Te resultará útil que incluyas la fecha, la hora y el lugar en el que las realizaste. Esa información será muy valiosa para ti con el paso del tiempo...

# Sobre el autor

Jesús Yanes es considerado un cultivador de la esencia del «Hombre del Renacimiento», capaz de ejecutar de forma práctica y precisa una variada cantidad de profesiones, todas ellas con un denominador común: la creatividad. Es coach, experto en gestión emocional, especializado en la aplicación de la voz como herramienta terapéutica y de transformación, lo que le ha valido ser reconocido profesionalmente con el sobrenombre de «El Maestro de la Voz». Aunque sus inicios profesionales estuvieron en la industria del entretenimiento, a partir de 2001 comenzó a desarrollar una actividad investigadora en el campo del desarrollo personal y la gestión emocional, recogida en varios libros: Inteligencia Creativa y Desarrollo Personal, El Control del Estrés y el Mecanismo del Miedo, El Poder Sanador de tu Voz, El Maestro de la Voz, Cazadores de Sueños y Quién eres tú y qué haces aquí. Destaca su prolífica trayectoria en la industria de la música, el cine y la televisión como compositor, productor musical y director artístico, habiendo logrado más de dos millones de discos vendidos y más de mil obras musicales publicadas. En 2008, su obra Help Me Ópera Rock sirvió de obertura del Festival "Rock in Río", donde compartió escenario con artistas como Amy Winehouse, Lenny Kravitz, The Police, Alanis Morissette, Jamiroquai, Alejandro Sanz y Shakira, entre otros. Ha trabajado en producciones musicales con artistas como Paco de Lucía, Rocío Jurado, Mónica Naranjo, Chayanne, Malú, David Bisbal, Raphael y Paulina Rubio, entre otros. Su amor por la naturaleza lo llevaró a crear el Movimiento Help Me, con el que ha plantado más de un millón de árboles en el mundo. Es el CEO y fundador de la Escuela Internacional de Artistas de Jesús Yanes (Madrid, Miami, Marbella, Almería, Barcelona, Ciudalcampo) y el creador del "Método InnerVoicing", con el que miles de personas han aprendido a meditar, cantar y hablar en público.

@quienerestuyquehacesaquí  @quienerestuyquehacesaquí
www.jesusyanes.com